Healing Scriptures

Kenneth E. Hagin

병을 고치는
하나님의 말씀

케네스 해긴 지음 | 김진호 옮김

믿음의말씀사

Healing Scriptures
by Kenneth E. Hagin

ⓒ 1993 RHEMA Bible Church
AKA Kenneth Hagin Ministries, Inc.
P. O. Box 50126 Tulsa, OK 74150-0126 U.S.A.
All Rights Reserved.

2007 / Korean by Word of Faith Company, Korea.
Translated and published by permission
Printed in Korea.

병을 고치는 하나님의 말씀

1판 1쇄 발행일 · 2007년 1월 31일
1판 3쇄 발행일 · 2013년 5월 23일

지 은 이 케네스 해긴
옮 긴 이 김 진 호
발 행 인 최 순 애
펴 낸 곳 믿음의 말씀사
주   소 446-855 경기도 용인시 기흥구 신정로 301번길 59
전화번호 031) 8005-5483 / 5493 FAX 031) 8005-5485
홈페이지 http://faithbook.kr
출판등록 제68호 (등록일 2000. 8. 14)

ISBN 89-90836-20-4 03230
값 7,000원

본 저작물의 한국어판 저작권은 케네스 해긴 목사님을 통해 FAITH LIBRARY와의 독점 협약으로 '믿음의 말씀사'가 소유합니다. 저작권법에 의해 한국 내에서 보호를 받는 저작물이므로 무단 전재와 복제를 금합니다.

믿음의 방패 마크는 미국 특허청에 등록된 RHEMA Bible Church, AKA Kenneth Hagin Ministries, Inc.의 마크이므로 복제하여 사용할 수 없습니다. (The Faith Shield is a trademark of RHEMA Bible Church, AKA Kenneth Hagin Ministries, Inc., registered with the U.S. Patent and Trademark Office and therefore may not be duplicated.)

목 차

역자서문 ·· 6
서문 ··· 9

속량
제1장 가난의 저주로부터 값 주고 되사다 ······················· 12
제2장 질병의 저주로부터 값 주고 되사다 ······················· 27
제3장 영적 죽음의 저주로부터 값 주고 되사다 ··············· 46

말
제1장 죽음에 이르게도 하고 삶에 이르게도 하는 '말' ······· 50
제2장 당신의 말들이 어떻게 자녀들에게 영향을 끼치는가? ··· 55
제3장 지혜로운 자의 혀는 병을 고친다 ························· 62
제4장 무엇이 당신의 고백입니까? ································ 71

하나님의 처방약
제1장 하나님의 처방약 ·· 78
제2장 복용 안내문(어떻게 먹을 것인가?) ······················· 81
제3장 하나님의 약 : 마음(heart)에 적용해야 합니다 ········ 97
제4장 읊조릴 처방전 ··· 103

병을 고치는 하나님의 말씀
제1장 하나님의 말씀은 하나님의 처방약입니다 ··············· 112
제2장 예수 - 활동 중인 하나님의 뜻 ···························· 125
제3장 치유는 "더 큰 일" 중의 하나입니다 ····················· 140
제4장 율법의 축복 ·· 153
제5장 하나님의 처방약은 잘 듣습니다! 실제 삶의 예 ······· 164

역자 서문

청년 때부터 앓아오던 간염이 선교지에 나가 있는 십여 년 동안 진행되어 마침내 간경화로 악화되어 병원에서 희망이 없다는 진단 결과만 듣고 하나님이 부르시는 때가 되었다고 믿으며 죽음을 준비하던 한 분이 계셨습니다. 그러나 그분이 〈믿음의 말씀사〉에서 출간한 소책자 몇 권을 읽고 "죽지 않고 사는 것"이 하나님의 최고의 뜻임을 확인하고 믿음으로 기도 받고 선교지에 돌아가시더니, 그 곳 병원에서 간경화가 흔적도 없이 깨끗이 나았다는 진단을 받았다는 메일을 이번 주에 받았습니다.

주님의 부르심에 순종하여 평생 교회를 섬기며 복음을 위해 살던 선교사님들이나 목회자 부부 가운데 한 분이 병에 걸려 돌아가실 날을 기다리다가, 어느 날 서점에서 발견한 책 한 권을 읽고 "병으로 죽는 것"이 결코 하나님께 영광이 되는 것이 아니라 "죽지 않고 병 고침 받고 사는 것"이 진정으로 하나님께 영광이 되고 자신과 자녀와 섬기는 교회에 복이 된다는 것을 깨닫고 깨끗이 나은 분들의 간증은 오늘도 계속되고 있습니다.

소책자는 휴대하기 편하고 언제든지 계속해서 자신의 영을 치유의 말씀으로 먹임으로써 자신의 영을 강하게 하고, 하나님의 말씀이 성령의 검, 즉 살아있고 운동력이 있는 레마가 될 수 있도록 하는데 좋습니다. 그러나 어떤 부분에서 계시가 열리지 않았는지 잘 모를 경우나 한 번 만남으로 즉시 확실한 진단이 되지 않을 때는 구원부터 치유의 복음, 고백, 기도, 믿음을 한꺼번에 묶은 책을 드리면 좋겠다는 필요를 느꼈습니다. 뿐만 아니라 성경에 확실하게 기록된 치유의 말씀을 뽑아서 모아 놓으면 더 좋겠다고 생각하여 여기 치유의 말씀과 이 말씀을 통해 믿음을 갖게 하여 치유를 경험하게 하는 소책자들을 함께 묶어 출판합니다.

더 많은 기쁜 간증들이 이 책을 읽고 믿음으로 일어서는 분들을 통해 풍성해 질 것을 바라보며 기뻐합니다. 병으로 죽지 않고, 치유 받고 사는 것이 하나님의 뜻입니다. 경건하게 살려고 노력해왔고 평생 가족과 교회와 주님의 복음을 위해 헌신하고 신실하게 살아왔지만, 병으로 고생하며 '이렇게 충성했는데 왜 내게 이런 일이 일어났을까' 라고 생각하며 고민하는 분들이 많습니다. 하나님을 원망할 수는 없으니 그냥 회개할 것을 회개하며 주님께로 빨리 가는 것이 하나님의 뜻이라고 간주하고, 조용히 병의 고통 속에 눈물로 죽음을 맞을 준비를 하고 있는 성도님들이 계십니까?

"너희 중에 병든 자가 있느냐?"

이 땅에 살고 있는 우리에게 주님이 오시기 전까지, 마귀는 질병과 가난과 모든 저주를 통해 우리의 생명과 시간과 주님을 섬길 기회를 빼앗으려고 하고 있습니다. 이제 병든 사람에게 "네가 낫고자 하느냐?"라고 물으시고 환자의 대답대로 병을 고쳐주셨던 그리스도를 만나 병 고침을 받으십시오.

이 말씀을 읽고 낮은 소리로 읊조림으로써 믿음을 키우십시오. 그리고 말씀대로, 성경대로, 믿음대로 건강을 되찾으십시오. 그리고 자기 피로 우리의 영혼을 구원하셨을 뿐만 아니라 채찍에 맞으심으로 우리의 모든 질병을 짊어지신 치료자 예수 그리스도를 만나 그분을 선전하는 증인이 되십시오. 마귀에게 속지 마십시오. 눈앞에 닥친 질병의 저주를 해결하지 못하는, 건강할 때 들었던 도덕적인 설교를 잊어버리십시오. 단순하게 복음을 듣고 읽고 믿음을 얻어, 죽지 말고 사십시오. 예수님은 우리가 그리스도 안에서 생명을 얻되 풍성히 얻도록 하기 위해 세상에 오셨습니다. 채찍에 맞으시고 죽으시고 장사된 지 사흘 만에 부활하신 예수님은 하늘에 오르셔서 하나님 오른편에 앉아 계십니다. 그분이 채찍에 맞음으로 우리는 나음을 입었다는 기쁜 소식을 듣고 믿고 건강을 되찾으십시오.

2007년 1월 10일

김 진 호

크라이스트 앰버시 서울/용인교회 담임목사
예수선교사관학교장

서 문

사람들이 "왜 나는 병 고침을 받지 못하나요?"라고 묻는 것을 얼마나 자주 들었습니까?

이 질문은 내가 병 고침을 받도록 섬기는 사람들로부터 흔히 느끼는 의문점입니다. 당신이 지금 읽으려고 하는 이 책은 이 질문에 대한 나의 대답입니다.

아픈 것은 복이 아니며 하나님의 뜻도 아닙니다! 성경 말씀은 아픈 것이 율법의 저주라고 선언하고 있습니다(신 28:15, 61).

그러나 나는 병 고침 받는 것이 주 예수 그리스도의 몸인 신약 교회에 속한 것임을 알고 있습니다. 성경 말씀도 그리스도께서 모든 질병과 아픈 것을 포함하는 율법의 저주로부터 우리를 속량하셨다고 말씀하고 있기 때문입니다(갈 3:13). 그러므로 하나님의 백성들이 건강한 것은 하나님께서 원하시는 것임을 나는 알고 있습니다.

그리스도인들이 예수님을 통하여 제공된 병 고침을 받기 위해서는 그들의 마음을 말씀이 병 고침에 관하여 말씀하고 있는 것에 맞도록 새롭게 해야 한다고 믿기 때문에 여기 있는 병을 고치는 성경 구절들을 모았습니다.

당신이 하나님의 말씀을 낮은 소리로 읊조림으로써 "하나님의 처방약"을 복용함에 따라 당신의 영은 당신 안에서 일어나게 되고, 하나님의 병을 고치는 능력을 당신의 몸을 위하여 사용하게 되기를 기도합니다!

속 량

가난, 질병, 영적 죽음에서 값 주고 되사다
(Redeemed from Poverty,
Sickness, and Spiritual Death)

제 1 장
가난의 저주로부터 값 주고 되사다

갈 3:13-14
그리스도께서 우리를 위하여 저주를 받은 바 되사 율법의 저주에서 우리를 속량하셨으니 기록된 바 나무에 달린 자마다 저주 아래에 있는 자라 하였음이라 이는 그리스도 예수 안에서 아브라함의 복이 이방인에게 미치게 하고 또 우리로 하여금 믿음으로 말미암아 성령의 약속을 받게 하려 함이라

갈 3:29
너희가 그리스도의 것이면 곧 아브라함의 자손이요 약속대로 유업을 이을 자니라

그리스도께서 율법의 저주에서 우리를 속량하셨습니다! 율법의 저주란 무엇입니까? 이것을 알 수 있는 유일한 방법은 율법으로 돌아가 보는 것입니다. 신약 성경에서 발견되는 '율법'이란 표현은 대개 성경의 처음 다섯 권 즉, 모세 오경을 일컫는 말입니다. 이 다섯 권의 책 즉, 율법으로 돌아가 보면 하나님의 법을 어긴 것에 대한 저주(혹은 형벌)는 가난과 질병과 영적 죽음, 이렇게 삼중적인 것을 알 수 있습니다.

딤전 4:8
육체의 연단은 약간의 유익이 있으나 경건은 범사에 유익하니 금생과 내생에 약속이 있느니라

어떤 사람들은 우리가 이 세상에서는 물질적인 것이나 어떤 것이든지 복을 받을 약속이 없다고 믿게 하려고 했지만, 이 성경구절은 우리에게 축복의 약속이 있다고 선언하고 있습니다.

신명기 28장 15-17절, 38-40절에 의하면 하나님의 백성이 하나님께 불순종하면 가난의 저주가 내리게 되어 있습니다. 이것은 그들이 하나님의 명령과 규례를 지키지 않기 때문에 그들에게 내리도록 되어 있는 저주였습니다.

바울은 빌립보 교회에 편지를 쓰면서 이렇게 말했습니다. "나의 하나님이 그리스도 예수 안에서 영광 가운데 그 풍성한 대로 너희 모든 쓸 것을 채우시리라."(빌 4:19) 여러분의 모든 필요란 것은 여러분의 재정적, 물질적인 것과 다른 필요를 다 포함하는 것입니다. 실제로 바울은 이 장에서 재정적 물질적인 필요에 관해서 말하고 있습니다.

예수님께서도 이렇게 말씀하셨습니다. "너희는 먼저 그의 나라와 그의 의를 구하라 그리하면 이 모든 것을 너희에게 더하시리라"(눅 6:33) 너희에게 더하시리라고 하신 이 모든 것들이란 먹을 것과 입을 것과 같은 것들을 말합니다.

어떤 사람들은 하나님을 믿는 그리스도인이 되면 가난하게 살며 아무 것도 가진 것이 없어야 경건함의 표, 즉 겸손의 표가 된다고 생각하는 것 같습니다. 그들은 당신이 뚜껑도 없는 모

자를 쓰고, 발바닥이 다 떨어진 신을 신고, 엉덩이 부분이 낡아 빠진 바지를 걸치고 겨우 인생을 살아가야 한다고 생각합니다.

그러나 이것은 예수님께서 말씀하신 것이 아닙니다. 주님은 이렇게 말씀하셨습니다. "너희는 먼저 그의 나라와 그의 의를 구하라 그리하면 이 모든 것을 너희에게 더하시리라"(눅 6:33). 하나님의 말씀은 당신에게서 빼앗아 가는 것이 아니라 당신에게 더해 줄 것이라고 말씀하셨습니다! 하나님을 찬양합니다.

눅 6:38
주라 그리하면 너희에게 줄 것이니 곧 후히 되어 누르고 흔들어 넘치도록 하여 너희에게 안겨 주리라 너희가 헤아리는 그 헤아림으로 너희도 헤아림을 도로 받을 것이니라

먼저 이런 질문을 해봅시다. 이것은 진리인가? 그리스도께서 진실을 말씀하고 있는가? 거짓말을 하고 있는가? 나는 진실을 말씀하고 있다고 믿습니다. 당신도 그렇지 않습니까? 주님께서 "사람들이 줄 것이다"라고 말씀하신 것을 주의하십시오.

물론 사람 뒤에는 하나님이 계십니다. 그러나 주님은 "사람들이 너의 가슴에 안겨줄 것이라"고 말씀하셨습니다.

예전에 한 친구가 내게 "해긴 형제, 자네 누가복음 6장 38절을 가지고 설교한 적이 있는가?" 하고 물었습니다.

"글쎄, 그 구절을 인용했었지. 내가 이 말씀을 본문으로 선택했었는지는 잘 모르겠네만 여러 경우에 이 구절을 인용하곤 했었지"라고 나는 대답했습니다.

이 친구가 대답했습니다.

"최근에 우리 교회에서 2주 동안 집회를 했는데 그 목사님은 이 구절을 매일 밤 인용하더라니까. 하루 저녁은 이 구절을 본문으로 설교를 했지. 이 목사님이 이렇게 강조하기까지는 이 구절에 관하여 많이 생각하지 않았거든. 마지막 집회 때 우리 담임 목사님이 강사 목사님을 위해 헌금을 걷은 다음에 그 복음 전하는 자는 이렇게 말했다네. '여러분, 하나님의 영이 교회에 설치할 에어컨을 사는데 필요한 헌금을 걷으라고 하시는 인상을 받았습니다.'"

100명 정도가 참가하는 큰 남자 성도 성경 공부반을 맡아서 가르치고 있던 나의 친구는 집회 마지막 밤에 있던 예배에 대해서 계속 내게 말을 했습니다.

"그 복음 전하는 자는 1,800여명 되는 회중들에게 '나는 이 돈 10,000불을 오늘 밤에 걷기를 바랍니다! 큰 돈으로 들릴지도 모릅니다. 그러나 나는 여러분들이 이번 집회에 참석하면서 계속 헌금을 드렸다는 것도 알고 있습니다. 그러나 나는 여러분들에게 도전하고 싶습니다.' 그는 매일 밤 언급했던 이 성경 구절을 또 우리에게 읽어주었습니다. '주라, 그리하면 너희에게 줄 것이니'

그리고 나서 그는 '아무도 자기가 드릴 수 있는 것을 드리기를 원하지 않습니다. 나는 당신들이 드릴 수 없을 정도의 것을 드리기 원합니다. 당신이 50불을 드릴 수 있다고 느껴지거든 100불을 드리십시오. 당신이 500불을 드릴 수 있다고 느껴지

거든 1,000불을 드리십시오. 이렇게 헌금할 때 복이 임하는 것입니다. 이것이 진리입니다.'

그리고 나서 그는 이렇게 덧붙여 말했습니다. '내가 성경을 여기 강대상 위에 펴 놓을 테니 여러분은 나와서 이 구절 위에다 돈을 놓으십시오. 그리고 이렇게 말하십시오. 사랑하는 주님, 나는 주님의 말씀을 믿고 행동합니다. 나는 특별히 여러분을 위해 기도를 드리겠습니다. 이 기도는 역사할 것입니다. 이 기도가 역사하지 않는다면 나는 여러분이 드린 돈을 되돌려 주겠습니다. 그래서 이것에 대해 아무 말도 언급하지 않도록 말입니다.'"

그 주일학교 교사는 이렇게 말했습니다. "해긴 형제, 내 성경공부 반에는 사업가들이 여러 명 있네. 그 중에 두 사람은 이 일이 있기 전에 내게 와서 그들의 사업이 부도가 나게 되었다고 기도를 요청한 적이 있었네. 30일 내에 하나님께서 어떤 일을 행하지 않으면 그들은 사업의 문을 닫을 수밖에 없다고 말했네."

그는 계속 말했습니다. "해긴 형제, 이들 중에 한 사람은 500불을, 또 한 사람은 250불을 헌금하였네. 그 돈은 빌려서 낸 돈이었고 30일 내에 그 두 사람의 사업은 모두 적자를 면하게 되었다네! 하나님은 그들을 헤아릴 수 없이 축복해 주셨다네."

말라기 3장 10절에서 주님은 이렇게 말씀하셨습니다. "만군의 여호와가 이르노라 너희의 온전한 십일조를 창고에 들여나의 집에 양식이 있게 하고 그것으로 나를 시험하여 내가 하늘 문을 열고 너희에게 복을 쌓을 곳이 없도록 붓지 아니하나 보라." 실제로 우리는 십일조만큼도 드리지 않았습니다.

한 친구가 내게 말했습니다. "해긴 형제, 십일조를 하는 것은 구약 성경에나 있는 것이지. 그것은 모세의 율법 아래에나 있는 것이야. 자네 이 사실을 알고 있나?"

나라면 이런 말을 해서 성경에 대한 무지함을 드러내지 않겠습니다. 아브라함은 모세를 통하여 율법이 주어지기 500년 전에 십일조를 드렸습니다. 야곱은 250년 전에 십일조를 드렸습니다.

어떤 사람들은 이렇게 말합니다. "맞습니다만 신약 성경에는 십일조에 관한 성경 구절이 없습니다." 이런 사람들은 성경을 읽어야 됩니다. 히브리서 7장 8절을 보십시오. 뭐라고 되어 있습니까? 히브리서가 신약에 있는 것 맞지요? "또 여기는 죽을 자들이 십분의 일을 받으나 저기는 산다고 증거를 얻은 자가 받았느니라."

아브라함의 복은 우리의 것입니다

당신이 하나님의 말씀에서 좋은 것을 얻거나 좋은 약속이나 딛고 설 좋은 성경 구절을 주장하면 누군가가 나서서 "그 말씀은 그 당시 유대인들에게만 해당되는 말씀이야. 오늘날 우리를 위한 말씀이 아니야"라고 말하는 사람이 있습니다.

나는 아브라함의 복이 우리에게 속한 것이라는 것을 당신이 알기를 바랍니다. 이것은 육체적으로 아브라함의 후손들에게만 속한 것이 아니고 우리들에게도 속한 것입니다!

이 장의 본문 말씀을 기억하십시오. "이는 그리스도 예수 안에서 아브라함의 복이 이방인에게 미치게 하고 또 우리로 하여금 믿음으로 말미암아 성령의 약속을 받게 하려 함이라 너희가 그리스도의 것이면 곧 아브라함의 자손이요 약속대로 유업을 이을 자니라"(갈 3:14, 29).

아브라함의 복은 우리의 것입니다! 그들은 더 이상 우리에게서 이 복을 빼앗아 갈 수 없습니다. 의심하는 사람들, 믿지 않는 사람들, 기쁨을 죽이는 사람들, 의심을 파는 장사꾼들이 우리에게서 복을 빼앗아 갈 수 없을 것입니다. 그리스도 예수로 말미암아 아브라함의 복은 내 것입니다. 그리스도 예수로 말미암아 아브라함의 복은 당신 것입니다. 할렐루야!

아브라함의 복은 삼중적인 복이었습니다. 하나님께서 아브라함에게 약속한 첫 번째 복은 하나님께서 그를 부자가 되게 하겠다고 하신 것입니다.

"하나님께서 우리 모두를 부자로 만드시겠다는 말입니까?"

"네, 이 말이 그 말입니다."

"하나님께서 우리 모두를 백만 장자로 만드시겠다는 말입니까?" "아니오, 나는 그렇게 말하지 않았습니다."

그러나 하나님은 우리를 부자로 만드실 것입니다. 당신은 '부요한(rich)'이란 단어가 무엇을 의미하는지 잘 모를지도 모르겠습니다. 사전에서 이 말은 '충분한 공급(a full supply)' 혹은 '풍성하게 공급되는(abundantly provided for)'이란 뜻이라고 말하고 있습니다. 하나님을 찬양합니다. 그리스도 안에는 충분한 공급이 있습니다!

나는 이전에 새 차를 가진 적이 있었는데 이 차는 휘발유를 많이 소모했습니다. 좋은 길에서도 1 갈론으로 13.5 마일 정도 밖에 갈 수 없었습니다. 이 특별한 차는 연비가 좋다는 평이 있는 차였으므로 정비사가 원동기를 재조절하고 점화 플러그와 콘덴서를 갈아 주고 연료분사기를 새롭게 손보았습니다.

정비사가 차를 고치는 것을 보고 있는데 그가 이런 말을 했습니다. "목사님, 한 가지 문제가 있습니다. 왜 이렇게 해 놓았는지 모르겠는데요. 그들은 이 차 모델의 연료분사기를 다른 것으로 바꾸었군요. 연료분사기에는 안 밖으로 조절을 하게 되어있습니다. 이 조절장치는 '풍성하게' 혹은 '빈약하게' 조정할 수 있습니다. 이 차는 '풍성하게'로 조정이 되어 있었습니다. 이렇게 조정해 놓으면 충분한 공급을 하게 되지요."

하나님께서는 우리가 빈약하게 공급받는 것이 아니라 풍성하게 공급받을 것이라고 약속하셨습니다. 우리는 풍성하게 공급을 받게 되어 있습니다! 하나님을 영원히 찬양합니다!

수 년 전에 나는 뉴저지의 작은 마을에 있는 삼위일체 오순절 교회의 에이 에이 스위프트 목사님이 섬기는 교회에서 집회를 가졌습니다. 그 당시 그 목사님은 연세가 칠십이었습니다. 그 당시에 나는 이 말씀을 그대로 설교하지 않고, 이 말씀 비슷하게 설교하곤 했었습니다. 나는 이 말씀이 진리라는 것을 나는 알고 있었지만 하나님께서 가난의 저주로부터 우리를 속량하셨다고 설교하는 사람이 아무도 없었기 때문에 이 진리대로 솔직하게 설교를 해야 할지 숨겨두고 있어야할지 몰랐습니다.

스위프트 형제는 순복음에서 가장 유명한 성경을 가르치는 교사 중에 한 사람으로 옛날 오순절 사람들에게 인정받고 있던 하나님의 사람입니다. 나는 그에게 관련 있는 성경 구절들을 말했습니다.

"해긴 형제, 자네가 절대적으로 맞네." 그가 말했습니다. "자네는 가는 곳마다 이 말씀을 설교해야만해. 하나님께서는 우리 한 사람 한 사람을 모두 부자로 만들어 주겠다고 약속하셨지."

"내가 이것을 어떻게 깨달았는지 말해 주겠네. 나는 1908년에 성령을 받았네. 1911년에 나는 아내와 함께 중국에 선교사로 나갔지. (그 때는 순복음 조직이나 오순절 모임이 생기기 훨씬 전이었습니다.)

몇 군데 연결되어 있는데 한 선교단체가 우리를 후원했고 그들은 한 달에 103불씩 일 년에 1,236불을 보내주었다네. 우리는 1911년을 거의 전부 중국에서 선교사로 살았다네.

나는 비밀 기도를 할 때 가던 한 장소가 있었는데 내가 그곳에서 기도할 때마다 하나님의 영은 내 영을 다루시며 말씀하셨다네. '사직서를 제출하거라. 만일 이 사람들이 네가 방언으로 기도하는 것을 믿는다는 것을 알게 되면 그들은 방언으로 기도하는 것이 성령 세례의 증거라는 것을 믿지 않기 때문에 너를 후원하지 않을 것이다. 너는 그 동안 아무 말도 없었는데 이것은 마치 거짓으로 아닌 척하며 돈을 받는 것과 똑같다. 너는 성경이 가르치고 있는 것을 설교할 수 없다. 은밀히 몇 몇 사람에게는 전달될지 모르지만 만일 네가 공개적으로 이에 대하여 설교를 한다면 그것으로 끝이 날 것이다. 나는 네가 완전한 진리를 설교하기를 바란다.'

'주님, 그러면 나는 어떻게 해야 됩니까?' 마침내 나는 주님께 여쭈었다네. '내가 그렇게 한다면 나의 아내와 나의 아이들은 이 곳 중국에서 모든 후원이 끊어질 것입니다. 1921년에 미국에 살면서도 후원자가 없이는 살기가 힘들텐데 중국에서야 오죽하겠습니까? 나는 어떻게 해야 됩니까?'

하나님께서 나에게 대답하셨네. '나는 네가 이 선교 거점을 그들에게 되돌려 주기를 바란다. 네가 그들로부터 도둑질을 하는 것은 옳지 않다. 너는 다른 곳으로 가서 새로운 일을 시작하거라.'

'주님, 아무도 후원하는 사람이 없이 1912년 중국에서 새로운 일을 시작하란 말씀입니까?'

'나는 네가 그렇게 하기 바란다.'

'주님, 우리는 할 수 없을 것입니다.'

'내가 너를 부자가 되게 하겠다고 약속한 것을 너는 알지 못하느냐?'

'주님이 그런 약속을 했는지 나는 모르고 있었습니다. 그렇지만 물론 알고 싶습니다.'

그러자 주님의 영이 나에게 물었네. "너는 그리스도께서 너를 대신하여 저주가 되심으로 너희를 율법의 저주에서 속량하심으로써 아브라함의 복이 이방인들에게 임하도록 하셨다고 말하고 있는 갈라디아서 3장 13, 14절을 읽어 본적이 있느냐? 내가 아브라함에게 처음 약속한 것이 그를 부자가 되게 하겠다는 것이었다.'"

이것을 이야기하면서 스위프트 형제는 내게 말했습니다. "그러자 모든 것들이 내게 열리기 시작했다네. 나는 내 성경을 꺼내놓고 읽었다네. 아니나 다를까 성경에 있었다네! 나는 사직서를 보내고 다른 곳으로 이동하여 새로운 일을 시작했지. 처음 6개월간은 힘들었다네."

시련이 없을 것이라고는 생각하지 마십시오. 그러나 시험이 닥치고 시련이 넘쳐나고 말씀대로 역사하지 않는 것처럼 보인다고 말씀이 진리가 아닌 것은 아닙니다. 하나님은 토요일 밤마다 항상 문제를 해결하시지는 않습니다. 매월 첫 날도 아닙니다. 그러나 조만간 하나님께서 문제를 해결하신다는 것을 나는 말해주고 싶습니다. 조금 이르게 혹은 조금 늦게 반드시 봉급날은 다가옵니다!

많은 사람들은 죄를 짓고도 무사할 줄로 생각합니다. 왜냐하면 그들은 아무 일 없이 한 주를 보내고 심판이 임하지 않았기 때문에 그렇게 생각합니다. 두 주를 지내도 심판이 임하지 않습니다. 한 달을 보내고 더 지나가도 심판은 임하지 않습니다. 그들은 조금 더 편안해 하고 조금 더 좋은 기분을 갖습니다. 그들은 이렇게 말합니다. "글쎄, 그냥 괜찮게 지나간 것 같아." 그러나 조만간에 심판이 오고 있다는 것을 나는 당신에게 말해주고 싶습니다.

스위프트 형제는 내게 말했습니다. "처음 6개월간은 나와 내 두 어린 자식들은 중국에서 굶어 죽을 것만 같았네. 영국에서 오던 후원은 끊어졌고 미국에서도 아무도 우리를 후원해 주지 않았기 때문이지. 우리가 어떻게 했겠나?"

"나는 침착하고 조용하게 온화한 상태로 머물러 있으면서 많은 기도도 하지 않았다네. 나는 단지 하나님께 하나님의 말씀이 말한 것을 기억나게 해 드렸을 뿐이지. 하나님께서 무언가 하실 것을 나는 알고 있었다네."

"그 해가 다 지났을 때 내가 확인해 보니 하나님께서는 3,750불을 내게 주셨다네!"

1912년도에 3,750불이란 돈은 오늘날 15,000불이나 그 이상 되는 금액이었습니다. 그는 매년 1,236불씩 후원금을 받았었습니다. 그 해 그는 세 배나 되는 돈을 받았습니다. 하나님은 그를 부요하게 하셨습니다. 하나님을 영원히 찬양합니다!

친구들이여, 우리들 대부분은 하나님을 공경해서 가난한 것이 아니라, 하나님을 공경하지 않기 때문에 가난한 것입니다. (나는 이 말을 증명하는 성경 구절을 당신에게 주었습니다.)

어떤 사람은 "오, 그렇습니다. 그런데 나는 돈을 무서워합니다."라고 말합니다.

내가 물었습니다. "왜 무서워하지요?"

"성경은 돈이 모든 악의 뿌리라고 말하고 있기 때문이지요."

성경은 전혀 그렇게 말하고 있지 않습니다. 성경은 "돈을 사랑하는 것이 모든 악의 뿌리"(딤전 6:10)라고 말하고 있습니다. 100원짜리 동전 하나 없이도 당신은 이 죄를 지을 수 있습니다. 돈을 소유하는 것이 잘못이 아니라 돈이 당신을 소유하는 것이 잘못입니다.

돈이 사람의 주인이 되면 이것은 잘못된 것입니다. 사람은 돈을 너무나 사랑하여서 돈을 얻기 위해서는 어디든지 어떤 방법으로든지 기꺼이 갈 수 있습니다. 만일 그 사람의 발가락을 잘라 버린다면 그는 이빨로 돈을 집을 것입니다. 이빨을 뽑아 버린다면 잇몸으로 돈을 집을 것입니다. 만일 돈이 사람 안에 있다면 그는 사람을 차지할 것입니다. 돈은 사람의 주인입니다.

성경은 "은과 금은 하나님의 것"(학 2:8)이라고 말하고 있습니다. 성경은 "1000 언덕의 가축들이 하나님의 것"(시 50:10)이라고 말하고 있습니다. 그런데 왜 하나님께서는 이 모든 것들을 여기에 두셨을까요? 하나님께서 이 모든 것들을 마귀와 그의 패거리들을 위해서 두신 것은 물론 아닙니다! 만일 그들을 위해 두셨다면 하나님은 자기 자녀들보다 마귀의 자식들을 더 사랑하시는 것입니다. 이것은 마치 어떤 사람이 자기 자녀들은 굶주리게 버려두고 집세도 내지 않으면서 길 건너가서 다른 여자의 집세를 내고 다른 여자의 자식들을 먹여 살리는 것과 같은 것입니다. 하나님은 우리를 사랑하시는 것보다 마귀를 더 사랑하시지 않습니다. 안 그렇습니까?

어떤 사람은 이렇게 말합니다. "형제여, 나는 아마도 또 다른 욥인가 봅니다."

또 하나의 욥이라니 무슨 뜻입니까? 만일 당신이 하나님의 욥이라면 하나님을 찬양하십시오. 당신은 곧 병고침을 받을 것이니까요. 욥은 병이 나았습니다.

어떤 사람들은 이렇게 생각합니다. "불쌍한 노인 욥, 그는 병들고 고통 받고 괴로워하며 인생을 살았지."

욥기 전체 사건은 9달 동안에 일어난 일입니다. 욥이 다시 병들었는지는 우리는 모릅니다. 성경은 이것을 말하고 있지 않습니다. 만일 욥이 이런 고통을 다시 받았다면 성경은 그것을 말했을 것입니다.

하나님께서는 그의 몸을 고치셨습니다! 하나님께서는 그에게 10명의 자녀를 더 주었습니다. 하나님께서는 그에게 그가 시작할 때 가졌던 것보다 두 배나 많은 것들을 주었습니다. 즉 갑절의 낙타와 갑절의 양과 갑절의 소와 갑절의 나귀를 주셨습니다. 그리고 욥은 140년을 더 살았습니다. 그는 그의 자손을 4대나 볼 때까지 살았습니다! 하나님께 영광을 돌립니다! 하나님은 이렇게 하시는 분입니다. 부요하게 되는 것이 잘못이라면 하나님은 이렇게 하심으로써 잘못을 범하신 것이 됩니다.

잠 19:17
가난한 자를 불쌍히 여기는 것은 여호와께 꾸어 드리는 것이니
그의 선행을 그에게 갚아 주시리라

언제나 사회에는 불행한 사람들이 항상 있게 마련입니다. 하나님은 우리를 복 주시고 부요하게 하셔서, 우리가 인색한 자가 되기를 바라지 않으십니다. 하나님은 우리가 다른 사람들을 도

와주기를 바라기 때문에 하나님은 이렇게 말씀하셨습니다. "가난한 사람에게 은혜를 베푸는 것은 주님께 꾸어 드리는 것이다." 주님께서 오늘 당신에게 오셔서 "내게 100불이 필요하구나"라고 하신다면 당신은 주님께 100불을 빌려드리는 것입니다. 혹은 당신의 형제 중에 한 사람이 당신에게 와서 100불을 빌려 달라고 해도 당신이 그럴 능력이 있다면 빌려주지 않겠습니까?

성경은 "가난한 자를 불쌍히 여기는 것은 주님께 꾸어 드리는 것"이라고 말합니다. 하나님께서 말씀하시기를 "내가 그에게 갚아 주겠다"고 하셨습니다. 나는 하나님께서 그렇게 하시리라는 것을 믿습니다. 나는 하나님이 거짓말을 했다고 믿지 않습니다.

어떻게 하나님께서 갚아 줄까요? 나는 알지 못하지만 그리스도께서 시몬의 배를 빌려 쓰신 이야기가 있는 누가복음 5장 4-7절에서 우리는 몇 가지 아이디어를 찾을 수 있습니다. 주님께서는 베드로에게 두 배에 가득할 정도의 물고기로 갚아 주셨습니다. 여기서 볼 수 있는 한 가지는 주님께는 인색함이 전혀 없었다는 것입니다!

내가 하나님 편이라는 것을 사람들이 알기를 바랍니다. 나는 축복 쪽입니다. 나는 그리스도 안에서 내게 속한 것을 이용할 것입니다. 나는 당신도 당신의 자리를 차지하기 바랍니다. 당신은 이제 복이 무엇인지 알았습니다. 할렐루야!

제 2 장
질병의 저주로부터 값 주고 되사다

갈 3:13
그리스도께서 우리를 위하여 저주를 받은바 되사 율법의 저주에서 우리를 속량하셨으니 기록된바 나무에 달린 자마다 저주 아래 있는 자라 하였음이라

그리스도께서는 율법의 저주로부터 우리를 속량하셨습니다! 앞으로 나가기 전에 율법의 저주가 어떤 것을 포함하는 것인지 살펴봅시다.

신 28:15-22
네가 만일 네 하나님 여호와의 말씀을 순종하지 아니하여 내가 오늘 네게 명령하는 그의 모든 명령과 규례를 지켜 행하지 아니하면 이 모든 저주가 네게 임하며 네게 이를 것이니 네가 성읍에서도 저주를 받으며 들에서도 저주를 받을 것이요 또 네 광주리와 떡 반죽 그릇이 저주를 받을 것이요 네 몸의 소생과 네 토지의 소산과 네 소와 양의 새끼가 저주를 받을 것이며 네가 들어와도 저주를 받고 나가도 저주를 받으리라 네가 악을 행하여 그를 잊으므로 네 손으로 하는 모든 일에 여호와께서 저주와 혼란과 책망을 내리사 망하여 속히 파멸하게 하실 것이며 여호와께서 네 몸에 염병이 들게 하사 네가 들어가 차지할 땅에서 마침내 너를

멸하실 것이며 여호와께서 폐병과 열병과 염증과 학질과 한재와
풍재와 썩는 재앙으로 너를 치시리니 이 재앙들이 너를 따라서
너를 진멸하게 할 것이라

신 28:27-29
여호와께서 애굽의 종기와 치질과 괴혈병과 피부병으로 너를 치
시리니 네가 치료함을 받지 못할 것이며 여호와께서 또 너를 미
치는 것과 눈 머는 것과 정신병으로 치시리니 맹인이 어두운 데
에서 더듬는 것과 같이 네가 백주에도 더듬고 네 길이 형통하지
못하여 항상 압제와 노략을 당할 뿐이리니 너를 구원할 자가 없
을 것이며

신 28:35
여호와께서 네 무릎과 다리를 쳐서 고치지 못할 심한 종기를 생
기게 하게 하여 발바닥에서부터 정수리까지 이르게 하시리라

신 28:58-61
네가 만일 이 책에 기록한 이 율법의 모든 말씀을 지켜 행하지 아
니하고 네 하나님 여호와라 하는 영화롭고 두려운 이름을 경외하
지 아니하면 여호와께서 네 재앙과 네 자손의 재앙을 극렬하게
하시리니 그 재앙이 크고 오래고 그 질병이 중하고 오랠 것이라
여호와께서 네가 두려워하던 애굽의 모든 질병을 네게로 가져다
가 네 몸에 들어붙게 하실 것이며 또 이 율법책에 기록하지 아니
한 모든 질병과 모든 재앙을 네가 멸망하기까지 여호와께서 네게
내리실 것이니

우리는 이 성경 구절들로부터 쉽게 아픈 것이 율법의 저주
임을 알 수 있습니다. 사실 여기는 무서운 질병들이 열거되어

있습니다. 사실 61절에 의하면 모든 아픔과 모든 질병이 하나님의 법을 어긴 데 대한 벌의 일부라고 하였습니다.

이 구절들에 대한 킹 제임스 번역본은 하나님께서 몸소 그의 백성에게 질병과 고통을 주시는 것으로 우리가 믿도록 인도하고 있습니다. 왜냐하면 "주께서 너희를 치실 것이다(The Lord shall smite thee…)"라고 번역했기 때문입니다.

"성경 해석의 힌트(Hints to Bible Interpre- tation)"의 저자인 로버트 영(Robert Young) 박사는 히브리어 원문에는 여기 쓰인 동사는 원인을 나타낸다기 보다는 허락을 나타내는 동사라는 것을 지적했습니다. 실제로 이 구절은 이런 식으로 번역되었어야 했습니다. "주께서 너희가 맞도록 허락할 것이며 … 주님은 이런 전염병들이 너희에게 임하도록 허락할 것이다."

킹 제임스 번역본에서는 많은 다른 동사들이 원인을 나타내는 것으로 번역되었습니다. 예를 들면 이사야 45장 7절은 "나는 빛도 짓고 어둠도 창조하며 나는 평안도 짓고 환난도 창조하나니 나는 여호와라 이 모든 일들을 행하는 자니라 하였노라." 하나님께서 악을 창조하셨습니까? 아닙니다. 하나님은 악을 허락하시기는 하지만 악을 창조하지는 않으십니다.

킹 제임스 번역본으로 아모스 3장 6절은 이렇게 선언합니다. "성읍에서 나팔이 울리는데 백성이 어찌 두려워하지 아니하겠으며 여호와의 행하심이 없는데 재앙이 어찌 성읍에 임하겠느냐?" 만일 하나님께서 악을 행하신다면 하나님은 사람들이 죄를 짓는 것에 대하여 심판을 할 자격이 없습니다. 그러나 하나님께서는 악을 행하지 않으시고 오직 악을 허용할 뿐입니다. 고의로 범하는 것(commission)과 허용하는 것(permission) 사이에는 엄청난 차이가 있습니다.

사울 왕이 타락했을 때 사무엘상 16장 14절은 이렇게 말하고 있습니다. "여호와의 영이 사울에게서 떠나고 여호와의 부리시는 악령이 그를 번뇌하게 한지라."

실제로 일어난 일은 사울의 죄가 하나님과의 교제를 깨뜨리게 되자 하나님은 마귀로부터 온 악한 영이 그를 괴롭히도록 허용하신 것입니다.

이 구절에 대한 히브리어 원문은 허용하는 형태로 되어있지만 영어에는 이에 대응하는 허용하는 형태가 없기 때문에 그 동사는 원인을 나타내는 형태로 번역되었습니다.

이런 구절들이 암시하는 것과 같이 하나님은 전염병이나 질병을 그의 백성들에게 보내지 않으십니다. 하나님의 말씀도 이런 것들이 하나님으로부터 직접 오는 것이라고 가르치고 있지 않습니다.

하나님의 백성들이 하나님의 계명들을 어길 때 그들은 더 이상 하나님의 보호 아래 있지 않은 것입니다. 이 때 하나님이 하실 수 있는 일이란 것은 오직 마귀가 이런 고통을 그들에게 가져오는 것을 허락하는 것뿐입니다. 그들의 죄와 잘못이 이런 무서운 전염병을 그들에게 임하도록 하는 것입니다.

신명기 28장은 율법을 범한 저주 속에 여러 가지 질병들을 열거하고 있습니다. 그것들 중에는 이런 것들이 있습니다. 흑사병, 결핵(폐결핵), (발진티프스, 성홍열, 장티프스, 수두 등과 같은 갑작스런 열병 등을 포함하는) 열병, 염증, 무더위, 이집트의 악성종기, 피부병(모든 종류의 피부병), 가려움증, 미침, 시각 장애 등입니다.

60절에 의하면 우리는 '당신들이 그렇게 무서워하던 이집트의 모든 질병'을 더할 수 있습니다. 61절에 의하면 우리는 '이 율법책에 기록도 되지 않은 온갖 질병과 재앙'까지 더해서 모든 질병을 포함시킬 수 있습니다.

우리는 이 성경 구절들을 통해서 아픈 것과 질병들은 율법의 저주의 일부로서 우리에게 임하게 되어 있다는 결론을 내릴 수 있습니다. 그러나 하나님을 찬양합시다. "그리스도께서 율법의 저주에서 우리를 속량하셨습니다"(갈 3:13).

아픈 것 : 복인가 저주인가?

아픈 것이 복입니까? 저주입니까? 하나님의 말씀은 저주라고 선언하고 있습니다. 어떤 사람들은 하나님께서 아픈 것과 질병으로 자녀들을 '복 주신다'고 믿게 하려고 합니다. (하나님이 이렇게 복을 주신다면 나는 나 대신 다른 사람이 그런 '복'을 가져가도록 하겠습니다.) 그러나 하나님의 말씀에 의하면 아픈 것은 저주이며, 건강한 것이 복입니다!

질병은 편한 것을 깨뜨리는 것입니다. 아픈 것은 고통이며, 괴로움입니다. 병은 병든 사랑하는 사람을 돌보아야하는 가족과 친구들을 종이 되게 합니다. 아픈 것과 질병은 인류의 적입니다.

아픈 것은 도둑이요, 강도입니다. 아픈 것은 많은 젊은 어머니들에게서 건강과 아름다움과 기쁨을 빼앗아갑니다. 아픈 것은 남편에게서 그의 아내를 빼앗아가며 아이들에게서 그들의 어머니를 강탈해갑니다. 왜냐하면 그녀는 더 이상 아내와 어머니의 역할을 할 수 없게 되기 때문입니다.

질병은 많은 젊은이들을 걱정과 두려움으로 가득하게 함으로써 젊은이들에게서 믿음을 빼앗아갑니다.

아픈 것과 질병들은 사람들의 행복과 건강과 다른 데 필요한 돈을 빼앗아갑니다.

아픈 것 : 하나님의 뜻인가?

아픈 것과 질병은 그의 백성을 향한 하나님의 뜻이 아닙니다. 하나님께서는 자녀들이 불순종한다고 그의 자녀들에게 저주를 퍼붓기 원하지 않으십니다. 하나님은 자녀들을 건강으로 복 주기를 원하십니다.

어떤 사람들은 내게 이런 말을 했습니다. "물론, 그렇습니다. 옛 언약 아래서 하나님은 이스라엘의 치료자였고 이스라엘의 자녀들이 건강하기를 원하셨지만 우리는 지금 그 언약 아래 살고 있지 않습니다."

맞는 말입니다. 그러나 만일 옛 언약(옛 약속)은 치료를 제공하고 있고 새 언약은 제공하지 않는다면 새 언약이 옛 언약만큼이나 좋은 것인지 의심이 되지 않습니까? 하나님께 감사할 것은 성경은 새 언약이 더 낫다고 말하고 있기 때문입니다.

히 8:6
그러나 이제 그가 더 아름다운 직분을 얻으셨으니 그는 더 좋은 약속으로 세우신 더 좋은 언약의 중보자시라

우리가 살펴보고 있는 본문이 신약 성경에 있는 말씀이라는 것을 기억하십시오! "그리스도께서 우리를 위하여 저주를 받은 바 되사 율법의 저주에서 우리를 속량하셨으니…" (갈 3:13).
우리가 아픈 것은 하나님의 뜻이 아닙니다. 성경이 기록된 때에도 이스라엘 자손들이 아픈 것이 하나님의 뜻이 아니었습니다. 그들은 하나님의 종들이었습니다. 오늘날 우리들은 하나님의 자녀들입니다. 하나님의 종들도 아픈 것이 그분의 뜻이 아니라면 하나님의 자녀들이 아픈 것은 그분의 뜻일 리가 없는 것입니다! 아픈 것과 질병은 사랑으로부터 온 것이 아닙니다. 하나님은 사랑입니다.
누가복음 13장에 보면 예수님께서 안식일 날 한 회당에서 가르치고 계십니다. 허리가 구부러진 한 여인이 들어옵니다. 그녀는 관절염이나 그와 비슷한 성질의 병을 앓고 있었던 것 같습니다. 왜냐하면 그녀의 허리는 구부려진 상태로 굳어져

있었기 때문입니다. 예수님은 그녀를 부르시고 말씀하셨습니다. "여자야, 너는 병에서 풀려났다."

그리스도께서 그 아픈 여자를 낫게 하셨기 때문에 회당장이 화를 내었을 때 예수님은 이렇게 말씀하셨습니다. "아브라함의 딸인 이 여자가 열여덟 해 동안이나 사탄에게 매여 있었으니, 안식일에라도 이 매임을 풀어 주어야 하지 않겠느냐?"(16절) 예수님은 이 여자를 묶어둔 것이 사탄이라고 말씀하셨습니다.

> 행 10:38
> 하나님이 나사렛 예수에게 성령과 능력을 기름붓듯 하셨으매 그가 두루 다니시며 선한 일을 행하시고 마귀에게 눌린 모든 사람을 고치셨으니 이는 하나님이 함께 하셨음이라

이 성경 구절은 예수님께서 고쳐주신 사람들이 마귀에게 눌려 있었다는 것을 분명히 하고 있습니다.

오늘날도 어떤 사람들은 복 주기 위해 하나님께서 사람들에게 병을 보내신다고 믿게 합니다. 그들은 이렇게 말할 것입니다. "병든 사람들이 낫기를 위해 기도하는 그런 집회를 멀리하십시오. 그것은 마귀 역사입니다."

그들의 말이 맞는다면 하나님은 마귀와 최근에 하시는 일을 바꾸신 것이 분명합니다! 이 천년 전에 사탄은 사람들을 억눌렀었고 예수님은 그들을 고치셨습니다.

성경은 우리에게 말하고 있습니다. "예수 그리스도는 어제

나 오늘이나 영원토록 동일하시니라"(히 13:8). 예수님은 결코 변하지 않으십니다! 공적인 사역의 시작부터 마지막까지!

그리스도께서는 사탄과 전쟁을 하셨습니다. 그의 전투는 사람들과 하신 것이 아니라 사람들 안에 살고 있는 귀신들과 하신 것입니다.

아픈 것이 우리를 위한 하나님의 뜻이라고 어떤 사람에게도 절대로 말하지 마십시오. 아픈 것은 하나님의 뜻이 아닙니다! 병을 고쳐주는 것과 건강한 것이 인류를 향한 하나님의 뜻입니다. 만일 아픈 것이 하나님의 뜻이라면 천국은 아픔과 질병으로 가득할 것입니다.

예수님께서 이 땅에 사신 삶은 하나님의 뜻을 행동으로 보이신 것입니다. 그분은 아버지를 우리에게 보여 주시기 위해 오셨습니다. 그분은 하나님의 말씀이십니다. 그분은 하나님께서 우리에게 말씀하시는 것입니다.(요한복음 1장 14절과 히브리서 1장 1-2절을 보십시오.) 만일 아픈 것에 대해서 하나님께서 어떻게 생각하시는지 알고 싶으면 예수님을 보십시오! 그분은 두루 돌아다니시며 병든 사람들을 고쳐주셨습니다!

사 53:4-5
그는 실로 우리의 질고를 지고 우리의 슬픔을 당하였거늘 우리는 생각하기를 그는 징벌을 받아 하나님께 맞으며 고난을 당한다 하였노라 그가 찔림은 우리의 허물 때문이요 그가 상함은 우리의 죄악 때문이라 그가 징계를 받으므로 우리가 평화를 누리고 그가 채찍에 맞으므로 우리가 나음을 받았도다 마태는 이 성경 구절의 일부를 인용하고 있습니다.

마 8:17
이는 선지자 이사야를 통하여 하신 말씀에 우리 연약한 것을 친히 담당하시고 병을 짊어지셨도다 함을 이루려 하심이더라

성령님은 갈보리를 돌아보면서 베드로를 통하여 과거 시제로 기록하였습니다.

벧전 2:24
친히 나무에 달려 그 몸으로 우리 죄를 담당하셨으니 이는 우리로 죄에 대하여 죽고 의에 대하여 살게 하려 하심이라 그가 채찍에 맞음으로 너희는 나음을 얻었나니

나는 존 알렉산더 도우이(John Alexander Dowie)가 그 자신이 어떻게 병고침에 대한 깨달음을 얻게 되었는지 쓴 것을 읽어보았습니다.
도우이 박사는 1875년 임파선 페스트가 창궐하던 때에 오스트레일리아 시드니의 교외에 있는 뉴타운의 한 회중교회의 목사였습니다. 사람들은 파리처럼 죽어나갔습니다. 한 달도 안되어서 도우이 박사는 그의 성도들 40여명의 장례를 치렀습니다. 네 사람이 더 죽어서 묻어야할 처지였고, 더 많은 사람이 이 역병에 걸려 있었습니다. 아무 치료 방법이 없었습니다.
어느 날 병든 많은 성도들을 방문하고 나서, 도우이 박사는

집으로 돌아가 서재에 앉아 책상에 엎드려 머리를 팔 위에 얹은 채 하나님 앞에 울고 있었습니다.

"하나님, 모두 죽게 되는 겁니까?" 그는 울부짖었습니다. "모든 사람들을 다 데려 가실 작정입니까? 이 역병은 어디서 나온 것입니까? 하나님께서 이 병을 만드셨습니까?" 그는 이 역병으로 말미암아 찢어진 가족들과 부모를 잃고 고아로 남게 된 아이들을 생각하며 가슴이 너무나 아팠습니다.

도우이 박사는 오랜 세월이 지난 후에 이렇게 썼습니다. "그때 성령의 말씀이 사도행전 10장 38절에 영감을 주셔서 사탄은 더럽히는 자요, 그리스도는 병을 고치는 분임을 계시하면서 이 말씀이 밝은 광채를 발하며 내 앞에 서 있었습니다."

"나의 눈물은 씻겨졌습니다." 도우이 박사는 이렇게 말했습니다. "나의 심령은 강해졌습니다. 나는 병을 고치는 방법을 알게 되었으며 병을 고치는 문이 넓게 열렸습니다. 그래서 나는 '하나님, 내가 이 말씀을 여기 죽어가는 모든 사람들에게 설교하고 사탄이 아직도 사람들을 더럽히고 있지만 예수님은 여전히 구원하고 계심을 말할 수 있도록 도와주십시오.'라고 말했습니다. 왜냐하면 그분은 오늘도 똑같으시기 때문입니다."

그는 오래 기다리지 않아도 되었습니다. 몇 분 안에 두 젊은이가 그의 사무실로 들어서더니 숨을 헐떡이면서 "오, 즉시 와주십시오. 메어리가 죽어가고 있습니다!"라고 간청했습니다. 도우이 박사는 모자를 쓸 겨를도 없이 그들을 따라 거리를 달렸습니다. 사탄이 그의 양무리 가운데 죄 없는 젊은 사람들을 공격해온 것에 대하여 화가 치밀었습니다.

도우이 박사는 메어리의 방으로 들어가 그녀가 발작을 일으키는 것을 보았습니다. 그녀의 주치의는 그녀를 포기하고 그 집을 떠날 준비를 하고 있었습니다. 그 의사는 도우이 박사를 쳐다보며 이런 말을 했습니다. "목사님, 하나님의 방법은 신비하지 않습니까?"

도우이 박사는 방금 하나님의 말씀으로부터 받은 계시가 그의 심령에 불타고 있었습니다. "하나님의 방법이라고!" 그는 우뢰치듯이 말했습니다. "어떻게 감히 당신은 이것을 하나님의 방법이라고 부릅니까? 아닙니다, 선생님, 이것은 마귀의 짓입니다!"

그는 그의 교회의 교인이었던 그 의사에게 "병든 자를 구원하는 믿음의 기도를 할 수 있겠습니까?"라고 말하면서 그에게 도전하였습니다.

그 의사는 "목사님은 너무 흥분하고 계십니다. 하나님의 뜻이 이루어지기를 기도하는 것이 최고입니다"라고 대답한 뒤에 떠나 버렸습니다.

도우이 박사는 사탄의 뜻을 이루고 있는 질병, 즉 더러운 파괴자에 대한 하나님이 주신 증오와 진노로 거의 격노했습니다.

"흥분해 있다고? 그게 아닙니다." 그는 외쳤습니다. "어떤 하나님의 뜻도 이런 잔인한 것을 보내지 않습니다. 나는 하나님의 아들이 오셔서 멸망시킨 것 중에 하나인 이런 사탄의 일을 보고 '하나님의 뜻이 이루어지기를 바랍니다' 라고 결코 말하지 않을 것입니다." 그 당시 그는 하나님의 말씀으로 가슴이 얼마나 뜨겁게 불타고 있었는지 모릅니다.

사탄의 공격에 진노한 도우이 박사는 메어리를 위해서 믿음의 기도를 하였습니다. 수 년 후에 그는 이렇게 기도했다고 말했습니다.

"우리 아버지여, 도와주십시오! 성령님, 어떻게 기도해야 하는지 내게 가르쳐 주십시오. 오, 예수님, 구원자, 치료자, 친구, 하나님 아버지 앞에 우리의 대변자이신 예수님, 우리를 위해서 간구해 주십시오. 영원하신 분이시여, 들으시고 치료하소서! 당신의 이 귀여운 자녀를 모든 질병과 죽음에서 구원하여 주십시오. 나는 말씀을 의지합니다. 우리는 지금 그 약속을 주장합니다. '나는 너희를 치료하는 주니라' 라고 하신 말씀은 진리입니다. 그러니 지금 그녀를 낫게 해 주십시오. '나는 주니라, 나는 변하지 않는다' 고 하신 말씀은 진리입니다. 변치 않는 하나님 당신이 지금 치료자이심을 스스로 증명해 주십시오. '믿는 사람들에게는 이런 표적이 따르리니 내 이름으로 그들이 병든 사람에게 손을 얹은즉 그들은 낫게 될 것이라' 는 말씀은 진리입니다. 나는 믿습니다. 나는 그녀에게 예수 이름으로 손을 얹고 지금 이 약속을 주장합니다. '믿음의 기도는 병든 사람을 구원하리라' 는 말씀은 진리입니다. 당신만을 의지하면서 오, 나는 외칩니다. 예수님의 이름으로 지금 그녀를 구원하여 주십시오. 아멘!"

그 소녀의 발작은 즉시 멈추었고 그녀의 어머니는 그녀가 죽었을까봐 걱정할 만큼 깊은 잠에 빠졌습니다. "메어리는 죽지 않았습니다." 승리감에 차서 도우이 박사는 그들을 확신시켜주었습니다. "나는 그리스도께서 들으시고 오래 전에 베드로의 집에서 그랬던 것처럼 '그가 그녀에게 손을 대자 열이 그녀를 떠났다' 는 것을 알았습니다."

몇 분 지난 후에 도우이 박사는 메어리를 깨웠습니다. 메어리는 어머니를 보더니 "엄마, 기분이 너무나 좋은데요!"라고 말했습니다.

성경에서 예수님께서 죽음에서 일으키신 어린 소녀에게 어떻게 하셨는지를 기억해 보십시오. 도우이 박사는 소녀에게 물었습니다. "배도 고프지?"

"그럼요, 정말 배가 고파요." 그녀는 대답하였습니다.

도우이 박사는 메어리의 간호사에게 버터 바른 빵과 코코아 한 잔을 타서 메어리에게 주라고 지시했습니다. 조용히 하나님께 감사하면서 그는 그녀의 형제와 자매들이 똑같은 병으로 누워있는 옆방으로 갔습니다. 기도를 하자 그들도 즉시 건강을 회복하였습니다.

도우이 박사는 이렇게 회상하였습니다. "그리스도께서 치료자로 승리하셨던 그 집에서 멀어져 가면서 나는 천국까지 울리는 승리의 노래를 내 가슴으로 부르지 않을 수 없었을 뿐 아니라 나는 나 자신의 이상한 행동과, 그분이 오늘날도 똑같다는 것을 발견하고 적지 않게 놀랐습니다."

그날 이후로 도우이 박사는 그의 양들에게 하나님의 병고침에 관해 가르치고, 그들을 위해 기도하였습니다. 그 다음부터 그는 그 역병으로 인해 한 교인도 잃지 않았습니다.

도우이의 교회의 교인인 그 의사가 환자를 돌보고 약을 주다가 의학으로 도움을 줄 수 없을 때가 되면 그것을 하나님의 뜻이라고 부르는 것이 이상하지 않습니까?

나는 사람들이 낫기 위해서 약도 먹고, 할 수 있는 모든 일을 다 하지만, 그들을 위해 기도하자고 하면 그들은 "나를 고치는 것은 하나님의 뜻이 아닐지도 모릅니다"라고 하는 것에 대해 의아해 했습니다.

그들은 왜 제일 먼저 하나님의 뜻에 대해서 알아보지 않을까요? 건강하게 되는 것이 하나님의 뜻이 아니라면 그들은 어떤 약을 먹지도 말고 치료도 받아서는 안 됩니다. 건강하게 되려고 하는 것은 하나님의 뜻을 벗어나는 일이기 때문입니다!

나는 의료 직업에 종사하는 사람들을 불신하는 의미로 이런 말을 하는 것은 아닙니다. 의사들은 우리가 싸우는 똑같은 마귀와 싸우고 있는 사람들입니다. 나는 단지 이것이 사람들의 논리이며 잘못된 생각이고 이런 생각이 많은 사람들에게서 병고침과 건강의 복을 빼앗아 갔다는 것을 지적하고 싶을 뿐입니다.

릴리언 비 여먼스(Lilian B. Yeomans) 박사는 오래 전에 뉴욕의 큰 병원들 중의 한 병원에서 외과수술까지 하던 의사였습니다. 그녀는 과로로 인하여 힘이 소진하였을 때 자신의 신경을 좀 안정시키고 잠을 자는 데 도움이 되라고 약간의 마약을 사용하기 시작하였습니다. 결국 그녀는 약품 특히 모르핀에 의존하는 사람이 되어 마침내 중독자가 되었습니다. 그녀는 매일 성인 남자에게 처방하는 정상적인 모르핀의 양보다 50배나 더 많이 주사를 맞고, 다른 약까지 먹었습니다.

여먼스 박사는 그 당시의 유명한 치료약을 다 써보고 마약을 사용하지 않으려고 필사적으로 노력했지만 그녀는 점점 더 나빠졌습니다. 한 간호사는 그녀를 '속에는 마귀가 들어 있는 해골'이라고 묘사했습니다. 그녀의 친구들은 그녀의 경우는 희망이 없다고 생각했습니다.

여먼스 박사는 젊었을 때 구원은 받았지만 타락해 있었습니다. 죽음의 문 앞에 선 자신을 발견하였을 때, 그녀는 비로소 오랫동안 무시해왔던 성경을 꺼내 깊이 묵상하기 시작했으며 하나님과 교제를 회복했습니다. 그리고 1898년, 그녀는 생명을 거의 빼앗길 뻔 했던 끔찍한 마약 중독에서 치료받았습니다.

이렇게 병고침을 받고 나서 여먼스 박사는 40여년이 넘게 복음을 전하였습니다. 그녀와 여동생은 얼마간의 부동산을 물려받아서 그것을 '믿음의 집(faith home)'으로 만들어서, 의학적인 도움을 더 이상 받을 수 없는 환자들을 받아들였습니다.

여먼스 박사는 그들과 일하면서 그들의 심령에(영에) 하나님으로부터 병고침을 받을 만큼 충분한 믿음을 건축하였을 때 거의 모든 사람들이 나았다고 말했습니다. 그녀가 쓴 책에서는 환자에게 믿음을 건축하였던 사례를 다음과 같이 소개하였습니다.

어느 날 말기 상태의 폐병환자가 그 집으로 이송되었습니다. 의사들은 의학적인 도움을 더 이상 줄 수 없다고 말했습니다. 앰블란스에 그녀가 왔을 때 여먼스 박사는 그녀가 죽어가고 있다는 것을 알았습니다. 그 때까지도 여먼스 박사가 의사로서만 일하고 있었더라면, 그녀에게 강한 약을 즉시 사용하기 시작했을 것입니다.

그러나 여먼스 박사는 그녀를 위층으로 운반하여놓고서 성경 말씀을 읽어주기 시작하였습니다. 그녀는 하나님의 치유에 관한 성경 구절들 특히 신명기 28장과 갈라디아서 3장 13절 말씀을 두 시간 가량 읽어주었습니다.

그리고나서 그녀는 죽어가는 여자에게 의식이 깨어 있는 모든 순간마다 그 자신에게 반복해서 말하라고 가르쳐주었습니다. "신명기 28장 22절에 의하면 폐병(혹은 폐결핵)은 율법의 저주입니다. 그러나 갈라디아서 3장 13절에 의하면 그리스도께서는 율법의 저주로부터 나를 속량하셨습니다. 그러므로 나는 더 이상 결핵을 가지고 있지 않습니다."

다음날 아침 여먼스 박사는 그녀가 반복해서 말하라고 한 것을 하고 있는지 물었습니다. 그녀는 거의 10,000번은 말했던 것 같다고 말했지만 그 의미를 이해하지는 못한다고 말했습니다. 여먼스 박사는 그녀에게 더 많은 성경 구절들을 읽어주고 같은 말씀을 계속해서 반복하라고 했습니다.

다음날도 같은 이야기입니다. 셋째날 아침도 그녀는 아직 이해하지 못하고 있었습니다. 그녀가 '믿음의 집'에 온지 사흘 밤

이 지나도록 여먼스 박사는 그녀와 함께 기도도 하지 않았습니다. (가끔 우리는 사람들을 위해 너무 빨리 기도한다고 나는 생각합니다. 우리는 그들에게 먼저 말씀을 더 가르쳐야합니다.)

셋째 날 오후에 여먼스 박사와 여동생이 저녁 식사를 준비하고 있을 때 위층에서 소동이 일어났습니다. 죽어가던 그 여자가 너무나 큰 목소리로 "여먼스 자매님, 알고 계세요? 그리스도께서 나를 속량하셨어요. 나는 더 이상 폐병을 가지고 있지 않습니다. 폐병이 이제 떠났습니다!"라고 외치면서 계단을 뛰어서 내려오고 있었습니다.

보십시오. 여먼스 박사는 심령으로 들어가는 길은 마음을 통해서라는 것을 깨닫고 있었습니다. 그녀는 그 여자가 "신명기 28장 22절에 의하면 폐병(혹은 폐결핵)은 율법의 저주입니다. 그러나 갈라디아서 3장 13절에 의하면 그리스도께서는 율법의 저주로부터 나를 속량하셨습니다. 그러므로 나는 더 이상 결핵을 가지고 있지 않습니다"라고 충분히 자주 반복해서 자신에게 말하기만 한다면 진리가 결국은 그녀의 심령에 새겨질 것이라는 것을 깨닫고 있었습니다.

나는 여러분에게도 폐병 대신에 당신이나 당신이 사랑하는 사람이 고침받기 바라는 질병의 이름을 집어넣고 이 성경 구절들을 소유하게 되기를 도전합니다. 왜냐하면 신명기 28장 61절은 모든 질병이 다 율법의 저주라고 말하고 있기 때문입니다. 이 방법은 당신에게도 역사할 것입니다.

여먼스 박사는 죽기 직전에 하나님의 영이 그녀의 자매에게 주셨던 시편과 찬송과 영적인 노래를(골 3:16) 묶어서「오빌의 금(Gold of Ophir)」라는 책을 출판하였습니다.

여먼스 박사는 여동생과 기도할 때 노래나 방언으로 시편을 부르고 통역을 노래로 하곤 했다고 말했습니다. 가끔 그녀는 예언을 노래로 부르기도 했습니다. 여먼스 박사는 이것들을 기록해 두었다가 모아서 이 책을 만들었습니다. 하나님의 영에 의해 여먼스 자매들에게 주신 영적인 노래들 중에 하나는 갈라디아서 3장 13절에 근거한 것이었습니다.

그리스도께서 나를
율법의 저주로부터 속량하셨네.
그분이 그 부끄러운 나무에
매 달리셨을 때
이 모든 것보다 더 나쁜 것은
저주 안에 포함되었었네.
그리하여 예수님은 우리를 자유케 하셨네.
저주 아래 있지 않도록
저주 아래 있지 않도록.
예수님은 우리를 자유케 하셨네.
질병대신 건강을
가난대신 부요함을 나는 가졌네.
예수님께서 내 몸 값을 치르셨기 때문에.

제 3 장
영적 죽음의 저주로부터 값 주고 되사다

갈 3:13-14

그리스도께서 우리를 위하여 저주를 받은 바 되사 율법의 저주에서 우리를 속량하셨으니 기록된 바 나무에 달린 자마다 저주 아래에 있는 자라 하였음이라 이는 그리스도 예수 안에서 아브라함의 복이 이방인에게 미치게 하고 또 우리로 하여금 믿음으로 말미암아 성령의 약속을 받게 하려 함이라

하나님의 법을 어길 때 사람에게 임하리라고 하나님이 말씀하셨던 첫 번째 저주는, 하나님께서 아담에게 "그것을 먹는 날에는 너는 반드시 죽는다"고 말씀하신 것으로 창세기 2장 17절에 있습니다.

창 2:17

선악을 알게 하는 나무의 열매는 먹지 말라 네가 먹는 날에는 반드시 죽으리라 하시니라

살전 5:23
평강의 하나님이 친히 너희를 온전히 거룩하게 하시고 또 너희의 온 영과 혼과 몸이 우리 주 예수 그리스도께서 강림하실 때에 흠 없게 보전되기를 원하노라

요 3:6
육으로 난 것은 육이요 영으로 난 것은 영이니

눅 16:19-24
한 부자가 있어 자색 옷과 고운 베옷을 입고 날마다 호화롭게 즐기더라 그런데 나사로라 이름하는 한 거지가 헌데 투성이로 그의 대문 앞에 버려진 채 그 부자의 상에서 떨어지는 것으로 배불리려 하매 심지어 개들이 와서 그 헌데를 핥더라 이에 그 거지가 죽어 천사들에게 받들려 아브라함의 품에 들어가고 부자도 죽어 장사되매 그가 음부에서 고통 중에 눈을 들어 멀리 아브라함과 그의 품에 있는 나사로를 보고 불러 이르되 아버지 아브라함이여 나를 긍휼히 여기사 나사로를 보내어 그 손가락 끝에 물을 찍어 내 혀를 서늘하게 하소서 내가 이 불꽃 가운데서 괴로워하나이다

요 8:44
너희는 너희 아비 마귀에게서 났으니 너희 아비의 욕심대로 너희도 행하고자 하느니라 그는 처음부터 살인한 자요 진리가 그 속에 없으므로 진리에 서지 못하고 거짓을 말할 때마다 제 것으로 말하나니 이는 그가 거짓말쟁이요 거짓의 아비가 되었음이라

요 10:10
도둑이 오는 것은 도둑질하고 죽이고 멸망시키려는 것뿐이요 내가 온 것은 양으로 생명을 얻게 하고 더 풍성히 얻게 하려는 것이라

요 5:24
내가 진실로 진실로 너희에게 이르노니 내 말을 듣고 또 나 보내신 이를 믿는 자는 영생을 얻었고 심판에 이르지 아니하나니 사망에서 생명으로 옮겼느니라

엡 2:8-9
너희는 그 은혜에 의하여 믿음으로 말미암아 구원을 받았으니 이것은 너희에게서 난 것이 아니요 하나님의 선물이라 행위에서 난 것이 아니니 이는 누구든지 자랑하지 못하게 함이라

롬 8:14-16
무릇 하나님의 영으로 인도함을 받는 사람은 곧 하나님의 아들이라 너희는 다시 무서워하는 종의 영을 받지 아니하고 양자의 영을 받았으므로 우리가 아빠 아버지라고 부르짖느니라 성령이 친히 우리의 영과 더불어 우리가 하나님의 자녀인 것을 증언하시나니

말

Words

제 1 장
죽음에 이르게도 하고
삶에 이르게도 하는 "말"

 예수님은 마태복음 12장 37절에서 "네 말들로 인하여 네가 의롭게 되고, 또 네 말들로 인하여 네가 정죄함을 받을 것이다"라고 말씀하셨습니다. 내가 이 주제에 관해 묵상하고 있을 때에 이 성경 구절로부터 거듭해서 내게(내 영에게) 떠오르는 단어가 있었는데 그것은 다름 아닌 "말"이라는 단어였습니다. 내 안의 어떤 것이 말에 관하여 가르치라고 감동을 주는 것 같았습니다.

 말이란 많은 사람들이 인식하는 것 이상으로 중요합니다. 우리가 하는 말은 우리를 온전하게 만들기도 하고 파멸로 이끌 수도 있습니다. 또한 말은 병을 낫게도 하고 병에 걸리게도 할 수 있습니다. 성경에 의하면 말은 우리를 파멸시키기도 하고, 또는 건강하고 행복한 삶의 풍요로움으로 이끌어 갈 수도 있다고 말합니다. 어제 우리가 했던 말은 오늘 우리 삶의 실체를 만들고 있습니다. 이것은 마가복음 11장 23절의 예수님 말씀과도 일치합니다.

누구든지 이 산더러 "들리어 바다에 던져지라"고 말하고 "그의 마음에 의심하지 않으면 그가 말한 것들이 이루어지리라"고 하셨습니다.

당신은 이 말을 이렇게 옮길 수 있습니다.

"그는 – 그가 입으로 말한 그것을 – 무엇이든지 이룰 수 있다(소유할 수 있다)."

1943년 6월, 나는 동부 텍사스 유전지대에 살고 있는 어떤 목사님을 위한 모임을 시작했습니다. 그 목사님은 심장마비로 인해 혼수상태에 빠져 있었습니다. 가까운 이웃 목사님 한 분이 나에게 말씀하셨습니다.

"해긴 목사님, 의사가 그 목사님을 위한 기도를 중지해 달라고 말하기 위해서 이삼일 동안 우리를 찾았답니다. 의사는 '당신은 당신의 믿음과 기도로 그 목사님을 이 상태로 붙잡아 놓고 있습니다. 그가 살아난다고 하더라도 그의 정신은 결코 정상으로 회복될 수 없습니다. 왜냐하면 뇌로 들어가는 피가 10분 이상이나 멈췄기 때문입니다'라고 말했지만 우리는 그를 위한 기도를 멈출 수가 없었습니다. 우리는 기도를 계속했습니다. 3일째 되는 날 그 목사님은 살아났고, 그의 정신은 정상이었습니다."

그 목사님은 회복된 후 아직 설교를 하지 않고 있었습니다. 그 목사님 아내 역시 사역자였는데 목사님 대신 강단을 맡아 설교를 했습니다. 우리 가족은 그들과 함께 기거했고 차를 함께 타고 교회에 갔다 오곤 했습니다.

그러던 어느 저녁 예배 때 그 목사님은 광고 시간을 맡게 되었습니다. 그런데 그 목사님은 광고 내용을 거꾸로 말해버렸습니다. 우리가 차에 탔을 때 그의 아내가 말하기를 "당신은 의사가 예측한 것처럼 그렇게 광고 시간을 망쳐 놓았어요. 추측하건대 당신은 더 이상 설교해서는 안돼요."

내 아내가 그 목사님 부인에게 말했습니다. "제 남편(Kenneth)은 아무런 이상이 없음에도 불구하고 그 목사님보다 더 못할 때가 많아요. 제 남편은 오늘 저녁 3번이나 혀가 꼬부라져 말을 실수했는걸요."

그렇지만 그 목사님의 부인은 다시 자기 남편에게 말했습니다. "당신은 더 이상 설교해서는 안돼요." 그 사모님은 끊임없이 그 목사님에게 그가 설교할 수 없다는 것만을 말했습니다.

어느 날, 나는 그 목사님 사모님과 설거지를 같이 하게 되었습니다. 집에는 우리 둘 밖에 없었습니다. 설거지를 하는 동안 하나님께서는 내게 영감을 주어 이렇게 말하게 했습니다.

"사모님, 나는 당신이 이 말을 어떻게 받아들일지 모릅니다. 그러나 당신이 당신 남편에게 말해왔던 것처럼 그렇게 부정적으로 말하는 것을 중지하지 않는다면 2년 안에 남편은 죽을 것입니다. 당신은 그가 죽음에 이르도록 말하고 있어요."

그 사모님이 내게 불끈 화를 냈습니다.

나는 계속해서 "당신은 그 말을 한 것이 내 자신이 아니라는 것을 알고 있잖습니까? 내 삶을 걸고 말하는데 성령님이 영감을 주어 내게 말하도록 한 것입니다"라고 말했습니다.

그 사모님은 누그러졌고 이렇게 말했습니다.

"해긴 형제, 우리가 오랫동안 당신을 알고 있고 또한 하나님께서 당신을 어떻게 사용하시는지 알고 있기 때문에 나는 그 말이 하나님께로부터 온 것으로 받아들이겠습니다."

우리 가족이 거기에 있는 동안 사모님은 그 전보다는 잘 해나갔습니다. 그렇지만 일년 후에 다시 방문했을 때, 사모님은 옛날의 방식으로 되돌아와 있었습니다.

"당신은 죽을 거예요, 당신은 절대로 그렇게 해낼 수 없을 거예요"라고 말하면서 그녀는 남편을 죽음에 이르도록 부추기는 말을 하고 있었습니다. 나는 그녀를 멈추게 하려고 노력해 보았지만 아무 소용이 없었습니다.

몇 달 뒤 나는 그 목사님의 친구가 담임하는 교회에서 부흥회를 가졌습니다. 그런데 불행한 일이 벌어지고 말았습니다. 내가 부흥회를 인도하고 있는 동안 친구 목사님은 그 목사님의 장례식을 집례했던 것입니다. 내 노트의 기록을 살펴보니 그 목사님은 내가 사모님에게 부정적인 말을 하지 말도록 권했던 그 날로부터 약 2년 뒤에 돌아가셨습니다.

그 목사님이 돌아가신 후 사모님은 그녀의 남편이 죽었다고 하나님께 화를 냈습니다. 사모님은 다시 설교하지 못했고 타락했으며 내가 아는 한 그녀의 자녀들도 하나님을 위한 삶을 살지 않았습니다. 그 모든 것은 바로 "말" 때문에 일어난 것입니다.

내가 16살의 침례교 소년으로 병상에 누워 있을 때 하나님 말씀의 계시를 받았습니다. 나는 마가복음 11장 23절, 24절의 말씀에 근거해서 행했습니다.

나는 "내 심장이 치유된 것을 믿습니다" "마비된 내 육신이 치유된 것을 믿습니다" "머리 끝에서 발 끝까지 치유된 것을 믿습니다"라고 말했습니다. 그 말을 하고 1시간만에 나는 두 다리로 섰습니다. 나는 말의 비밀, 즉 믿음의 말의 비밀을 배웠습니다.

긴 세월이 지났지만 1933년 8월 마지막으로 두통을 앓은 후 나는 한 번도 같은 고통을 겪지 않았습니다. 앞으로도 두통을 앓으리라 예상하지 않습니다. 그러나 두통이 있다해도 그 사실을 누구에게도 이야기하지 않을 것입니다. 누군가가 내게 몸이 어떠냐고 묻는다면 "나는 최고로 좋습니다. 고맙습니다"라고 말할 것입니다. 나는 좋은 말, 바른 말만을 할 것입니다. 왜냐하면 예수께서 마가복음 11장 23절에 "그가 입으로 말한 그것을 그는 무엇이든지 이룰 수 있다"라고 말씀하셨기 때문입니다.

나는 이사야 53장 5절의 성경 말씀을 믿습니다.

"그가 채찍에 맞음으로 우리가 치유되었다"

나는 이 말씀을 믿으며 내 자신이 치유된 것을 믿습니다.

제 2 장
당신의 말들이 어떻게 자녀들에게 영향을 끼치는가?

내 아들 켄 2세가 2살 반쯤 되었을 때 나는 내 아들을 들어 올리면서 "하나님 아버지, 이 아들을 주신 것을 감사합니다. 이 아들이 꼭 가야 하는 길로 양육시키는 것이 우리의 책임임을 압니다. 그래야만 그가 나이가 들어서도 그 길에서 벗어나지 않겠지요. 또한 하나님의 성품과 훈계로 자녀를 가르쳐야 한다고 말씀하신 것도 압니다. 저는 그렇게 할 것입니다. 저는 제 자녀 앞에서 바르게(모범 되게) 살아갈 것입니다. 저는 바른 행동만을 할 것입니다. 그리고 만일 제가 실수했다면 제 아들에게 정직하게 실수를 인정할 것입니다"라고 말했습니다.

팻이 태어났을 때도 내 팔에 안고 똑같은 말을 했습니다.

"저는 바르게 행하겠습니다. 제 딸을 바르게 키우고 훈련시키겠습니다. 저는 제 딸을 하나님의 말씀으로 교훈하며 제가 모범을 보여줌으로써 가르치겠습니다."

"저는 말한 대로 다 이루어질 것을 믿습니다. 믿음으로 이 아이에게 말합니다. 이 아이가 육체적으로 건강히 자랄 것이며, 지적으로 영리하며, 영적으로도 강건할 것입니다."

우리가 방언하는 무리와 함께 있음으로 인해 우리를 타락했다고 여기는 친척들도 "저들에게는 무엇인가가 있어. 무엇이 있는 것이 분명해. 해긴의 자녀들은 결코 아픈 법이 없어"라고 말했습니다.

나는 내 일생 동안에 결코 자녀들이 구원받게 해달라고 기도한 적이 없었습니다. 단 한번도 내 자녀들이 성령을 받게 해달라고 기도한 적도 없습니다. 이제 그들은 성장해서 각자 가정을 가졌고 지금까지 손주들을 위해 6번 이상 기도한 적이 없었습니다.

왜냐고요? 당신이 말한 것은 당신이 소유할 수 있기 때문입니다. 나는 벌써 오래 전에 이 말을 했습니다. 만일 내가 지금 그것을 위해 기도한다면 이것은 오래 전에 내가 말했던 것이 진실이 아니었다는 것을 의미할 것입니다. 내 자녀들은 어릴 때 예수님을 영접했고 성령도 받았습니다.

아무 것도 아닌 일로 내가 화를 냈을 때에, 나는 곧 아이들에게 다가가 "아빠가 잘못했단다. 나를 용서해 주겠니?"라고 말했습니다. "아빠가 잘못된 예를 너희들에게 보여 주었구나! 나는 하나님께 용서를 빌었고 하나님은 나를 용서해 주셨단다. 너희도 나를 용서해 주겠니?"라고 아이들에게 물으면 그들은 "그래요. 아빠"라고 말하곤 했습니다.

나는 결코 내 자녀들에게 "내가 하지 말라고 하면 하지 말아야 해"라는 식으로 말한 적이 없습니다. 나는 앉아서 성경을 읽어주고, 내가 자녀들에게 마음 속 깊이 관심을 가지고 있다는 것을 보여 주었습니다. 내가 그들을 질책하거나 엉덩이를 때릴 때면 에베소서 6장의 말씀을 이야기해 주었습니다.

"자녀들아 주 안에서 너의 부모에게 순종하라 이것이 옳으니라 네 아버지와 어머니를 공경하라 이것이 약속 있는 첫째 계명이니 이는 네가 잘되고 또 땅에서 장수하게 하려 함이니라."

나는 사람이 병들거나 병원에 입원해 있는 것이 잘 되고 있는 것이 아니라는 것을 설명해 주었습니다.

"나는 너희가 함께 잘 되기를 원한단다. 나는 네가 이 땅에서 장수하길 원한단다."

자녀는 말의 산물입니다. 말은 우리를 치유하기도 하며 병에 걸리게도 합니다. 말은 우리를 축복하기도 하고 저주하기도 합니다. 내가 아침에 들은 말은 온 종일 내게 남아 있습니다. 사랑스럽고 친절하며 아름다운 말, 그리고 작은 기도의 말은 남편을 즐겁게 할 것이며, 승리로 이끌어 나갈 것입니다. 당신에게 꼭 맞는 말, 당신을 위해 일할 수 있는 말을 하는 법을 배우십시오. 반드시 역사하는 말로 채우는 법을 배우십시오. 사랑과 믿음의 말은 반드시 역사합니다. 집안 분위기는 말의 산물입니다.

1958년에 우리 부부는 LA 부근을 지나가고 있었습니다. 내 아내는 "잠깐 멈춰서 아무개 목사님 가정을 방문하는 것이 어떨까요?"라고 제안했습니다. 우리는 그 교회에서 수개월 전에 부흥회를 가졌었습니다. 목사님 댁은 고속도로에서 매우 가까웠습니다.

"좋아요. 그쪽으로 갑시다."

우리가 그 집 앞에 차를 주차시켰을 때 우리는 인기척을 전혀 느낄 수 없었습니다. 벨을 누르자 목사님이 문을 열어 주고는 우리 부부에게 안으로 들어오라고 손짓했습니다.

"해긴 목사님, 우리는 쉬는 중이었습니다. 아내는 옷을 갈아입고 있습니다. 거실에 잠깐 앉아 계시죠."

목사님도 잠옷을 입고 있었기 때문에 옷을 갈아입기 위해 들어갔습니다. 우리는 소파에 앉는 순간 서로를 바라보며 똑같이 말했습니다.

"별로 듣기 좋지 않은 말들이 이 가정에 오고 갔었군!"

분위기는 아주 나빴으며, 우리는 즉시 그것을 알아차릴 수 있었습니다. 영적인 것은 말에 의하여 만들어집니다. 또한 자연적인 것, 육체적인 것까지도 말에 의해 만들어집니다. 생선을 튀겼던 부엌에 들어가면 생선 냄새가 납니다. 냄새가 아직 공기 중에 있기 때문입니다.

마찬가지로 그 방의 공기는 아주 무거웠습니다. 목사님 부부가 나누었던 말들이 아직 공기 중에 있었습니다. 목사님 부부 사이에 심한 불화가 있었음이 대화 중에 드러났습니다. 그런 분위기에서 자녀들의 개성과 삶은 삐뚤어지기가 쉽습니다. 집안 분위기는 말의 산물입니다. 자녀들이 실패하는 것은 바른 말들을 하지 않고 잘못된 말들을 했기 때문입니다. 왜 어떤 가정들은 튼튼하게 세워져 인생의 전투에서 승리합니까? 그것은 바른 말들이 그 가정에서 말해졌기 때문입니다.

아름다운 교회를 새로 건축한 친구 목사님을 보기 위해 뉴멕시코를 방문한 적이 있습니다. 그들이 우리에게 새 교회 건물을 보여주는 동안 그 사모님과 내 아내는 담소를 나누었습니다.

사모님이 말하기를 "우리는 우리 아들과 함께 할 수 있는 것이 아무 것도 없어요. 그 아이는 열 일곱 살이 되었는데 교회에 오려고 하지도 않아요. 해군에 입대하기를 원해서 승낙서에 도장을 찍어 주었답니다. 더 이상 그 아이를 보지 않아도 돼요. 당신도 10대 아들이 있으니 내가 무엇을 말하는지 알 거예요."

내 아내는 이렇게 대답했습니다.

"아니, 나는 이해할 수 없어요. 당신이 내 아들을 때려 기절시키지 않고서는 교회 밖으로 끌어낼 수 없을 거예요. 집에서 공부할 때도 마찬가지이고요."

왜냐고요? 그 아이는 그렇게 훈련받았기 때문입니다. 집에서는 바른 말들만 했습니다. 바른 말들이 내 아들을 사랑으로 교육받게 만들었습니다. 말들이 자녀를 교회로 오게 만들기도 하고 또 멀어지게도 합니다.

우리는 말의 산물인 것입니다. 당신은 일요일, 교회에 가서 기도하고 성가대에서 찬양을 부르고 주일 학교에서 가르치고 경건하게 보일 수 있습니다. 그러나 집에서 몹시 화를 내고 저주하는 등 마귀가 좋아하는 일을 하고 흥분하며 안달한다면 당신은 자녀를 잃게 될 것입니다. 그들은 교회 분위기에 의해서만 양육되어지는 것이 아니고 가정 분위기에 의해서 양육되어 집니다. 주일의 교회 분위기는 그들에게 조금 밖에 영향을 끼치지 못합니다.

1943년 여름 어느 주일 아침, 나는 텍사스 중북부에 있는 교회에서 설교를 했습니다. 나의 설교 주제는 골로새서 2장 9-10절 "너희는 그 안에서 온전하게 된다"였고, 설교 제목은 "무엇이 영적인 것인가?"였는데 나는 그 후로 또 다시 그 설교 주제를 채택할 용기를 가질 수 없었습니다. 나는 질문을 했습니다.

"어디에 가서 영적인 사람을 찾아야 할까요?"

그 교회 성도 몇 명은 교회에서 춤도 잘 추고 소리도 잘 지르는 사람이 영적이라고 했습니다. 나는 회중에게 말했습니다.

"그것은 영적인 것이 아닙니다. 영적인 것을 그런 것으로 판단할 수는 없습니다."

다른 사람들은 "방언을 말하고 방언으로 메시지를 전하는 사람이야말로 영적인 사람입니다"라고 했습니다.

"아닙니다. 그와 같은 것으로도 영적인 것을 판단할 수는 없습니다. 왜냐하면 하나님께서는 어떤 그릇도 사용하실 수 있기 때문입니다. 성경을 보면 하나님께서는 당나귀를 통해서도 한 번 말씀하셨습니다. 그렇다고 '당나귀가 영적이다'라고 할 수는 없습니다. 영적인 사람이 교회에 간다는 것을 알고 있지만, 내가 만일 영적인 사람을 찾고자 한다면 교회로는 가지 않겠습니다. 내가 영적인 사람을 찾으러 어디로 갈지 알고 있습니까?"

청중들은 물론 "아니요"라고 했습니다.

"나는 그 사람 집에 가보겠습니다. 당신도 알다시피, 사람들은 2개의 얼굴을 가집니다. 주일의 얼굴 하나와 평일의 얼굴입니다. 나는 그들을 목사로서 지켜봤습니다. 내가 그들의 문을 노크했을 때 그들이 속삭이는 소리를 들었습니다.

"치워! 치워! 치워!"

그들 생각에 내가 봐서는 안될 것이 있었던 모양입니다. 허둥지둥하는 소리는 대단했습니다. 내가 '문을 안 열어 줄 모양이다' 하고 생각할 만큼 오랜 시간이 걸렸습니다.

나는 투명 인간이 되고 싶습니다. 그리고는 문을 통과해서 들어가 보고 듣고 싶습니다. 영적인 사람, 정말로 어떠한 것을 소유한 사람은 집에서 바르게 삽니다. 만일 당신이 집 안에서 바르게 살지 못한다면 당신은 아무 것도 가진 것이 아닙니다."

두번째 열에 앉았던 어느 자매가 큰 소리로 외쳤습니다.

"오 맙소사, 바로 나보고 하는 말씀이군요!"(그렇게 크게 소리냈는지 그녀 자신은 전혀 알고 있지 못했답니다)

내 설교는 거기서 끝났습니다. 모든 사람은 폭소를 터뜨렸고, 나 또한 강단에 엎드려서 웃었습니다. 나는 거기서 말씀을 마쳤고 그 후로 그 설교를 다시 시도하지 않았습니다.

제 3 장
지혜로운 자의 혀는 병을 고친다

당신은 병자를 방문해 본 적이 있습니까? 또한 그들이 이야기하는 것을 들어본 적이 있습니까? 만일 그러한 적이 있다면 그들이 왜 아프게 되었는지 알 수 있을 것입니다. 잠언 12장 18절은 위대한 계시이며 훌륭한 진리입니다.

"칼로 찌르듯이 말하는 자도 있으나 현명한 자의 혀는 병을 고치느니라."

당신이 입으로 건강을 말하기 전까지 당신은 건강해 질 수 없습니다. 지금까지 우리가 잘못 세뇌되어 있음을 알고 있습니까?(나는 자연적인 관점에서 이야기하는 것입니다) 우리에게는 이미 부정적인 생각들이 주입되어 있습니다.

성경에서 말하기를 "복 있는 사람은 악인들의 꾀를 따르지 아니하며"(시 1:1).

당신은 세상이 생각하는 것처럼 생각하기를 원치 않을 것입니다.

로마서 12장 1절에 "그러므로 형제들아 내가 하나님의 모든 자비하심으로 너희에게 권하노니 너희 몸을 하나님이 기뻐하시는 거룩한 산 제물로 드리라 이는 너희가 드릴 영적 예배니라."

이제 2절을 주의해 봅시다.

"너희는 이 세대를 본받지 말고 오직 마음을 새롭게 함으로 변화를 받아"

하나님께서는 당신의 마음을 새롭게 함으로써 당신이 세상과 일치하지 않고 변화받기를 원하십니다. 어떻게 하면 그럴 수 있을까요? 세상이 생각하는 것처럼 생각하지 마십시오. 그들은 부정적으로 생각합니다.

로마서 12장 2절 말씀은 "세상 사람들이 많이 하는 것들을 하지 말라"인데, 우리는 많은 부분에서 세상 사람들이 하는 그러한 일들을 하고 있습니다. 세상 사람들이 먹는 것 같이 먹고, 잠자는 것도 그들과 똑같이 합니다.

수년 전에, 나는 오클라호마 주에 있는 어느 교회에서 집회를 가진 적이 있었습니다. 그들의 생각은 여자들이 긴 소매 옷을 입고 긴 치마를 입고 긴 머리를 가지기 전까지는 지옥에 간다는 것이었습니다. 그런데 그들은 항상 세속적인 것에 대해 이야기했습니다.

"우리는 이 세상을 본받지 않습니다. 성경은 세상을 본받지 말라고 했습니다. 우리는 세상적이 아닙니다"라고 그들은 말했습니다.

목사님이 주일 아침 설교를 부탁했습니다. 나는 언제나 토요일 저녁에 설교 말씀에 대한 기도를 하곤 했습니다.

"하나님 저는 이런 방법으로 설교한 적이 없습니다."
나는 어떤 설교를 해야 할지 설교 내용을 알았을 때 이렇게 하나님께 말했습니다. 그러나 하나님께서는 이 문제에 관해 진정으로 나를 다루셨습니다.
그 날 아침, 나는 단상에서 내려와 복도를 이리저리 뛰어 다니며 말했습니다.
"이 교회는 내가 지금까지 설교해 본 중에 가장 세상적인 교회입니다!"
이것은 마치 젖은 행주로 그들의 뺨을 때리는 것과 같은 것이었습니다. 그들이 얼마나 경건한 지를 뽐내는 그 교회에서 나는 그 교회가 가장 세상적이라고 외친 것입니다. 그들은 바리새인과 같았습니다. 그들은 이렇게 기도했습니다.
"주님, 우리는 이 도시에서 가장 훌륭하고 아름다운 사람들입니다. 이 사실을 하나님 당신도 알고 계십니다. 우리는 이런 것도 하지 않고 저런 것도 하지 않습니다. 우리는 또한 어떤 다른 것도 하지 않습니다."
그러나 그들은 내가 결코 본 적이 없는 부정적인 부류의 사람들이었습니다. 나는 그들에게 말했습니다.
"당신들은 아직까지도 세상과 같이 생각하고 있습니다. 당신들은 질병을 생각하며, 두려움을 생각하고, 의심을 생각하고, 좌절을 생각하며, 실패를 생각합니다. 꼭 세상이 생각하는 것처럼! 하나님 말씀으로 당신들의 마음을 새롭게 하십시오! 하나님 말씀에 근거하여 생각하고 말하십시오."

자신들이 세상에서 구별되었다고 생각하는 많은 사람들이 때로는 가장 세상적인 사람들일 때가 많습니다. 내가 말한바 대로 세상 모두가 부정적인 것으로 세뇌되어 있습니다. 주의하지 않으면 당신은 세상이 하는 것과 똑같은 그런 실수들을 하게 될 것입니다. 하나님이 없는 세상은 영적인 죽음을 의미합니다. 그들은 생명보다는 죽음으로 세뇌되어 있습니다. 사람들은 흔히 이렇게 말할 것입니다.

"놀라서 죽을 뻔했어."

"무서워 죽겠어."

결코 그렇게 말하지 마십시오. 나는 무섭다고 말한 적이 없습니다. 왜냐하면 나는 무섭지 않기 때문입니다. 만일 내가 두려움의 유혹을 받는다면 이렇게 말할 것입니다.

"두려움아, 나는 예수의 이름으로 너를 거부한다!"

나는 두려움을 거부합니다. 만일 의심이 온다면, 나는 그것에 대해 이렇게 말할 것입니다.

"의심아, 나는 예수의 이름으로 너를 거부한다!"

나는 의심하는 것을 거부합니다. 의심이나 두려운 생각이 든다 하더라도 아무에게도 이를 말하지 않습니다. 나는 그것을 받아들이지 않습니다. 당신도 알다시피 마귀는 당신 마음에 온갖 생각을 다 집어넣을 수 있기 때문에 그런 생각이 떠오르더라도 다른 사람에게는 말하지 않아야 합니다. 우리는 말들의 산물입니다.

성경에서 가르치는 "당신의 건강과 치유가 혀에 달려 있다"

라는 것을 진지하게 생각해 본적이 있습니까? "지혜로운 자의 혀는 병을 고친다"는 말을 주의해 보셨습니까?

나는 결코 병을 이야기하지 않습니다. 나는 질병을 믿지 않습니다.

나는 건강을 이야기합니다. 성경은 "지혜로운 자의 혀는 병을 고친다"라고 했지 "지혜로운 자의 혀는 질병을 가져온다"라고 하지 않았습니다.

나는 치유를 믿으며 결코 병을 이야기하지 않습니다.

나는 결코 실패를 이야기하지 않으며 믿지도 않습니다.

나는 승리를 믿습니다.

할렐루야! 주님께 영광을 드립니다.

나는 결코 마귀가 한 일에 대해 이야기하지 않습니다. 마귀의 일에는 흥미가 없습니다. 나는 하나님의 일과 하나님이 행하시는 것만을 이야기합니다.

하나님께 찬양을 드립니다!

나는 사탄의 능력을 이야기하지 않습니다. 마귀는 하나님같이 힘있는 자가 아니기 때문입니다.

어느 날 저녁, TV에서 설교하시는 목사님이 온통 마귀가 무엇을 했는가에 대해 이야기하는 것으로 방송 시간을 다 허비했습니다. '하나님, 나는 TV를 꺼버릴 겁니다!' 나는 이렇게 생각하며 TV를 꺼버렸습니다. 그가 이야기하면 할수록 나는 더 기분이 나빠졌습니다. 그가 말한 모든 것은 이미 사람들이 알고 있는 것이었고 더군다나 그는 사탄만을 자랑하고 있었습니다.

당신은 능력을 잃어버린 늙고 몰락한 하나님의 개념만을 갖고 있습니까? 그리고 모든 그리스도인들은 코를 땅에 박고 살아야 하며, 질병과 고통 속에 삶을 헤쳐가야만 하고, 변두리 산동네에 살며, 불평의 골목길에서 '내가 천국 문에만 들어갈 수 있다면'이라고 노래하며 아무런 성공도 없이 살아가야 한다고 생각합니까?

예수님께서는 "내가 너희와 항상 함께 있으리라"(마 28:20) 라고 말씀하셨습니다. 나는 하나님께서 나와 함께 한다면 그것이 나의 성공인 것을 믿습니다. 로마서 8장 31절에 "하나님께서 우리를 위하신다면 누가 우리를 대적하리요?"

하나님께 영광을 돌립니다. 만일 하나님이 우리를 위하신다면, 누가 우리를 대적해온들 무슨 소용이 있겠습니까? 마귀가 이 세상에서 무슨 짓을 한들 그것이 무엇을 다르게 만들 수 있겠습니까? 하나님은 우리 편인 것입니다!

요한일서 4장 4절에 "너희 안에 계신 분이 세상에 있는 자보다 더 크시기 때문이라"고 말씀하시고 계십니다. 더 크신 이(하나님)가 당신 안에 계신다면 어떤 일에 부딪히더라도 걱정할 것이 없습니다. 누구나 그러하듯이 나도 걱정이 될 때가 있습니다. 그렇지만 나는 걱정하지 않습니다. 나는 낙담을 말하지 않습니다. 나는 결코 걱정이나 실패를 이야기하지 않습니다.

어떤 사람들은 담배 피우는 것으로부터 해방되고, 어떤 사람들은 술 마시는 것으로부터 해방되기를 원합니다. 그러나 나는 그리스도인이 흡연이나 음주보다 더 큰 죄, 즉 걱정의 죄에서 해방되기를 바랍니다. 많은 사람들은 이렇게 자랑합니다.

"나는 담배를 피우지 않습니다. 하나님께서 나를 해방시켜 주셨습니다."

그렇지만 나는 그들이 더 큰 죄로부터 해방받기를 원합니다. 걱정의 죄, 이것은 담배를 피우는 것보다 훨씬 나쁜 것입니다. 흡연과 음주는 잘못된 것입니다. 그렇지만 걱정은 이 두 가지보다 훨씬 나쁜 것입니다. 걱정은 당신을 죽일 수 있습니다. 많은 의사들이 이렇게 말했습니다.

"다른 어떤 것보다도 '걱정'이라는 것 때문에 정신 병원에 많은 사람들이 들어가 있으며, 더 많은 사람들이 죽어서 무덤에 있습니다."

사람들은 무엇에 대해 걱정합니까? 바로 상황입니다. 그들은 내일을 걱정합니다. 그들이 직면하고 있는 것에 대해 걱정합니다. 나도 내가 직면해 있는 상황과 내일에 대한 걱정을 하고 싶은 충동을 느껴왔습니다. 그러나 성경이 말하는 것이 내 안에 있다는 것을 기억했습니다. 나는 그것에 대해 기도할 필요도 없었습니다. 그저 그 문제를 바라보면서 웃어버렸습니다. 나는 마귀에게 이렇게 선포합니다.

"내가 만일 네 위로 극복하지 못한다면 네 주위로 극복할 것이며, 내가 또한 네 주위로 극복하지 못한다면 네 밑으로 극복해 갈 것이며, 만일 내가 네 밑으로 해서 극복하지 못한다면 나는 너를 통과해서 극복할 것이다. 왜냐하면 너보다 크신 이가 내 안에 계시기 때문이다."

내가 이렇게 말하고 나서 웃고 있는 동안 상황은 완전히 변해 버렸습니다.

더 큰 이가 내 안에 있습니다. 하나님이 내 안에 있습니다. "너희 안에 계신 이가 세상에 있는 자보다 더 크시기 때문이라"

그러면 누가 세상에 있습니까? 이 세상의 신인 사탄이 있습니다.

무엇이 또 세상에 있습니까? 죄가 있습니다. 그러나 더 크신 이가 내 안에 계십니다. 하나님은 죄보다 더 크십니다. 하나님은 죄를 정복하셨고 하나님은 죄를 치워 버리셨습니다.

무엇이 또 세상에 있습니까? 질병이 세상에 있습니다. 질병은 하나님의 것이 아닙니다. 질병은 천국으로부터 오지 않습니다. 천국에는 질병이 없습니다. 질병은 이 세상의 것입니다. 천국엔 어떠한 질병도 있지 않습니다. 질병보다 더 크신 이가 내 안에 계십니다. 하나님은 어떤 질병보다 더 크십니다. 왜냐하면 하나님은 치유자이시기 때문입니다.

또 무엇이 세상에 있습니까? 문제들이 세상에 있습니다. 사람들은 이 세상에 있는 문제들에 대해 항상 이야기합니다. 그러나 우리 안에 계신 이가 세상에 있는 문제보다 크십니다.

또 무엇이 세상에 있습니까? 불가능한 것처럼 보이는 것들이 세상에 있습니다. 그러나 나는 세상에 속한 것이 아닙니다. 나는 세상에 살지만 세상에 속한 것이 아닙니다. 나의 시민권은 천국에 있습니다. 하나님께 영광을 돌립니다!

그리고 이 세상에 사는 동안 내 안에 가장 큰 이가 계십니다. 그는 세상에 있는 어떤 이 보다도 크십니다. 하나님은 나를 높여 주실 것입니다. 또 나를 성공하게 만들 것입니다.

할렐루야! 나는 패배할 수 없습니다. 이것이 나의 고백입니다. 내가 지난 60년 동안 해온 말은 바로 이런 종류의 말입니다.

제 4 장
무엇이 당신의 고백입니까?

잠 18:21
죽고 사는 것이 혀의 힘에 달렸나니 혀를 쓰기 좋아하는 자는 혀의 열매를 먹으리라

잠 21:23
입과 혀를 지키는 자는 자기의 영혼을 환난에서 보전하느니라

마 12:37
네 말로 의롭다 함을 받고 네 말로 정죄함을 받으리라

막 11:23
누구든지 이 산더러 '들리어 바다에 던져지라' 하며 그 말하는 것이 이루어질 줄 믿고 마음에 의심하지 아니하면 그대로 되리라

믿음은 교회 안에서 가르쳐져 왔습니다. 사람들은 믿음을 가지도록 배워 왔습니다. 그러나 우리는 말이나 믿는 바를 말하는 것에 관한 가르침은 별로 듣지 못했습니다. 위의 성경 구절은 말의 중요성을 표현하는 것입니다. 다른 또 하나의 구절은 히브리서 4장 14절입니다.

"우리에게 큰 대제사장이 계시니 승천하신 이 곧 하나님의 아들 예수라 우리가 믿는 도리를 굳게 잡을지어다."

킹 제임스 성경에 "Profession"(고백)이라고 번역되어진 이 단어는 그리스어인데 성경의 많은 곳에서 "Confession"(고백)이라고 번역되어진 것을 볼 수 있습니다. 내 성경의 한 쪽에 쓰여진 이 구절의 관주는 그리스어로 "Confession"(고백)이라고 되어 있습니다. 다른 번역의 그리스어 성경 원문에는 "Let us hold fast to saying the same thing"(똑같은 것을 말하는 것을 굳게 붙들어야 하리라)이라고 되어 있습니다. 이 구절에 "말"이 포함되어 있음을 알 수 있습니다.

16세 침례교 소년으로 병상에 누워 있을 때 나는 마가복음 11장 23절을 이해하기 시작했습니다.

"누구든지 이 산더러 '들리어 바다에 던져지라' 하며 그 말하는 것이 이루어질 줄 믿고 마음에 의심하지 아니하면 그대로 되리라"

다시 말해 입으로 말한 것을 가질 수 있다는 것입니다.

태어나서부터 침례교 안에서 성장했던 나는 성경을 믿는 것과 구원을 받는 것에 대해 배웠습니다. 내가 마가복음 11장 23절의 진리를 보았을 때 나는 그것을 믿었습니다. 내가 병상에 16개월 동안이나 묶여 있었던 것은 나의 믿음을 어떻게 쓸 줄 몰랐기 때문입니다.

단지 당신이 믿음을 가지고 있다고 해서 하나님의 축복을 받는 것이 아닙니다. 믿음이 있다고 해서 성령의 세례를 받는 것이 아니고, 치유를 받는 것이 아닙니다.

당신에게 믿음이 있다고 해서 기도 응답을 받는 것이 아닙니다. 대부분의 그리스도인들이 그렇게 되리라고 생각하지만 그것은 잘못된 생각입니다. 성경은 그렇게 가르치고 있지 않습니다. 성경은 당신이 믿고 또 그 믿는 바를 말로 시인할 때 구원을 얻는다고 했습니다. 단지 믿는 것만으로 구원을 얻는 것이 아닙니다.

> 롬 10:9-10
> 네가 만일 네 입으로 예수를 주로 시인하며 또 하나님께서 그를 죽은 자 가운데서 살리신 것을 네 마음에 믿으면 구원을 받으리라 사람이 마음으로 믿어 의에 이르고 입으로 시인하여 구원에 이르느니라

구원을 얻기 위해서는 말을 해야만 합니다. 성경은 "만일 당신이 하나님께서 예수를 죽은 자 가운데서 살리신 것을 마음에 믿으면 구원을 얻는다"라고 말하고 있지 않습니다. 10절을 주의해서 보면 "입으로"라고 되어 있는 것에 주목하십시오. 마음으로 믿고 입으로 시인(고백)함으로 구원을 받게 된다고 했습니다.

> 막 11:23
> 누구든지 이 산더러 '들리어 바다에 던져지라' 하며 그 말하는 것이 이루어질 줄 믿고 마음에 의심하지 아니하면 그대로 되리라

예수께서 마가복음 11장 23절에 "그가 무엇을 믿든지 그대로 되리라"고 하지 않고, "그가 말한 것은 무엇이든지 그대로 되리라"라고 가르치고 있습니다. 다시 말해 당신은 당신 입으로 말한 것을 가질 수 있을 것입니다.

믿음은 항상 말로 표현되어져야만 합니다. 믿음은 반드시 당신의 입을 통해 언어로 풀어놓아야 되는 것입니다. 이것은 우리가 읽어온 여러 성경 구절을 통해서 알 수 있습니다. 당신이 무엇인가 말할 때 그것은 행동입니다. 아무도 나에게 그것을 가르쳐 주지 않았기 때문에 이것을 발견하기까지는 많은 시간이 걸렸습니다. 나는 16개월 동안이나 병상에 누워 있어야만 했습니다. 당신이 기도할 때 사용하는 말을 이야기하고 있는 것이 아닙니다. 내가 말하는 것은 일상 생활에서의 말을 의미합니다. 가정에서 하는 말, 친구들과 하는 말, 일할 때 하는 말을 의미하는 것입니다. 매일 매일의 삶 속에서 당신이 하는 말은 다음과 같은 3가지 일을 수행합니다.

(1) 당신의 신분을 확인시켜 줍니다.
(2) 당신의 생에 경계선을 설정해 줍니다.
(3) 당신의 영(Spirit), 속 사람에게 영향을 끼칩니다.

당신의 현 위치를 알고 싶다면 당신이 하는 말을 스스로 들어보십시오. 당신은 결코 당신의 말 그 이상을 현실회시킬 수 없습니다.

많은 사람들이 실패하는 것은 그들의 이랬다 저랬다 반복하는 고백 때문입니다. 한 번은 이것을 고백하고 또 한 번은 저것을 고백합니다.

우리는 이런 고백을 하곤 합니다.

"여호와는 나의 목자시니 내게 부족함이 없으리로다를 믿으며, 또 빌립보서 4장 19절에 말씀하신 나의 하나님이 그리스도 예수 안에서 영광 가운데 풍요한 대로 너희 모든 쓸 것을 채우시리라는 것을 믿고 나는 나의 필요가 채워질 것을 믿습니다."

그런데 만일 우리가 길거리에서, 직장에서 또는 교회에서 다른 사람들에게 어떤 문제에 휩싸여서 이렇게 말할 수도 있습니다.

"글쎄, 잘 되어가고 있는 편은 아니야. 체납한 고지서들이 너무 많아서 모든 것을 다 차압당할 형편이야."

그렇다면 그 전에 한 고백은 어찌된 것입니까? 두 번째 고백이 첫 번째 고백을 무효화시키고 있습니다. 같은 것만을 말하도록 배우십시오.

그리스어로 히브리서 4장 14절은 문자 그대로 "우리로 하여금 똑같은 것을 말하는 것을 굳게 붙들자"입니다. 결코 포기하지 마십시오. 그것은 쉬운 일이 아닙니다. 만일 당신이 쉬운 것만을 찾는다면, 당신은 모든 것을 포기하고 무덤 속으로 기어들어가 죽는 것과 같습니다. 당신은 어떤 일도 할 수 없습니다.

성경은 우리에게 "싸우라"고 말합니다. 성경 말씀을 제대로 읽지 않는 사람들은 그것이 다른 교회나 다른 그리스도인과의 싸움으로 생각합니다. 아닙니다. 그것은 디모데전서 6장 12절에서 말하는 내용이 아닙니다. 당신은 선한 믿음의 싸움을 지속해야 합니다. 이 싸움에서 우리는 육체적인 감각과 싸워야 하고, 때로는 당신 친척들이 말하는 것과도 싸워야 합니다. 때로는 목사님이 말씀하신 것과도 싸워야 하며, 때로는 교회 성도들이 이야기한 것과도 싸워야 합니다. 때로는 주일학교 교사가 말한 것과 싸우기도 합니다. 나도 그 과정을 겪어왔기 때문에 그것이 어렵다는 것을 압니다. 나는 모든 사람이 하는 이야기를 무시하고 고백했던 적도 많았습니다. 그렇게 하는 것은 싸움이었습니다. 왜냐하면 그들 모두가 내게 말하기를 "네가 틀렸고 그것은 이루어질 수 없다"고 말했습니다. 그러나 그것은 이루어졌으며 지금도 이루어지고 있습니다.

많은 사람들은 자신을 위해 누군가가 대신 싸워주기를 바라고 있습니다. 그러나 당신을 위해 내가 대신 싸울 수 없으며, 당신 또한 내 싸움을 대신 해 줄 수 없습니다. 당신 싸움은 당신 스스로가 해야만 하는 것입니다.

이처럼 당신의 말은 매우 소중합니다. 이것을 제대로 인식해야만 합니다. 당신 말은 당신 삶의 경계를 결정해 줍니다. 자기 입으로 말한 것, 그 이상의 것은 아무 것도 체험할 수 없으며 가질 수도 없습니다.

하나님의 처방약

God's Medicine

제 1 장
하나님의 처방약

잠 4:20-22
내 아들아, 내 말에 주의하며; 내가 말하는 것에 네 귀를 기울이라. 그것을 네 눈에서 떠나게 하지 말며; 네 마음 속에 지키라. 그것은 얻는 자에게 생명이 되며, 그 온 육체의 건강이 됨이니라.

좋은 관주 성경마다 위의 말씀 끝 부분은 "말은 모든 육체에 약(처방약, 치료약)이다"라고 되어 있습니다. 우리가 병들어 아프면 하나님께서는 우리를 치료하는데 관심을 갖습니다. 하나님은 우리의 건강을 지켜주시는데도 관심을 가지고 계십니다. 우리의 건강과 치유를 위해서 하나님이 마련해 주신 것은 하나님의 약입니다.

마련해 주신 것(provisions)이 무엇일까요? 우리의 권리는 무엇일까요? 육체의 치유와 건강에 관하여 실제로 우리에게 속한 것이 무엇일까요? 우리를 위해 간직된 것을 정확하게 우리 것으로 할 수 있는 방법이 무엇일까요?

한 가지 방법만이 있을 뿐입니다. 끊임없이 지속적으로(constant), 조심스럽게(careful), 부지런히(diligent), 경외하는 마음으로(reverent), 기도하는 마음으로(prayerful) 하나님의 말씀을 공부하는 것입니다.

　나는 병든 상태에서 태어났습니다. 정상적인 어린 시절을 보내지 못했습니다. 다른 아이들처럼 달리거나 놀아본 적이 없습니다. 하룻밤도 편히 잠을 자본 적도 없습니다. 열 일곱 살이 될 때까지 하루도 건강하게 보낸 날이 없었습니다. 어린 아이였을 때나 그 후 십대가 되어서도 나는 앉아서 입을 거의 벌리고 눈은 정상적인 아이들이 하는 일들을 바라보며 둘러보는 것이 전부였습니다. 내 가슴에 있는 불타는 소원은 건강해지는 것이었습니다.

　열다섯 살이 되자, 나는 완전히 침대에 누워버리게 되었습니다. 나에게 어떤 도움이 될 만한 것이 성경 속에 있다는 것을 깨닫게 된 것은 16개월 동안 침대에 누워 있은 후였습니다.

　하나님이 하셔야만 합니다. 다른 데서는 아무 도움을 구할 수 없었습니다. 왜냐하면 의학은 얼굴을 돌려버렸고 가능한 아무 대책이 없었습니다. 내가 지금 당신에게 강권하려고 하는 것을 하기 전에 나는 무덤 입구까지 내려올 수밖에 없었습니다. 내가 강권하려는 것은 바로 끊임없이, 조심스럽게, 부지런히, 경외하는 마음으로, 기도하는 마음으로 이 주제에 대해 하나님의 말씀은 무엇을 말하고 있는지 확인하라는 것입니다.

　나는 기다리다가 하마터면 너무 늦을 뻔하였습니다. 만일 내게 무언가 신속하고 날카로운 고통이 있었다면 내 짐작으로는 나는 영원 속으로 옮겨져 버렸을 것입니다. 그렇지만 나의 상태 때문에 나는 좀더 머뭇거리며 살 수 있었습니다. 그래서 나는 조금 더 공부할 시간을 가질 수 있었습니다. 하나님께서 이 주제에 관해서 말씀하셨던 것을 찾아내는 일이 하룻밤에 일어난 것은 아닙니다.

왜 그런지 아십니까? 때로 우리는 바른 것을 배우기 전에 이미 배운 것을 안 배운 것으로(unlearn) 해야만 합니다. 우리의 마음은 실제로 유익하지 않은 많은 것들로 가득 차 있습니다.

하나님의 말씀으로부터 좋은 약속을 받을 때마다 마귀는 내게 "그것은 유대인들에게만 해당되는 것이다"라거나 "그것은 요즈음 사람들을 위한 것이 아니다"라고 말하며 바로 그 자리에 있었습니다.

나는 그런지 안 그런지도 몰랐습니다. 그 약속이 내게 속한 것이라는 사실을 내가 만족할 수 있도록 증명하기 위하여 성경 말씀 하나를 찾는 것도 내게는 오랜 시간이 걸렸습니다. 우리의 본문 : 나의 아들아, 내 말에 주의하라…. 같은 말씀입니다. 하나님의 말씀은 유대인에게만 속한 것이 아닙니다. 하나님께 감사하게도 말씀은 하나님의 백성 모두에게 속한 것입니다.

제 2 장
복용 안내문 (어떻게 먹을 것인가?)

당신이 의사에게 '한 번에 두 개씩 하루에 세 번 식사 전에 드십시오.' 라는 처방전을 받았다고 가정해 봅시다. 만일 그 처방전의 효과를 기대한다면 당신은 지시한대로 약을 복용할 것입니다.

하나님께서도 그의 처방약을 복용하는데 지침을 주신다는 것을 당신은 알고 있습니까?

하나님은 우리의 건강을 위하여 하나님의 말씀으로 처방하십니다. 왜냐하면 하나님께서는 "내 말은 그것을 얻는 자에게 생명이 되며, 그의 온 육체에 건강(혹은 약)이 됨이라"(잠 4:20-22)라고 말씀하셨기 때문입니다.

자연세계에서도 약을 먹지 않으면 아무 효과가 없습니다. 당신이 의사에게 갈 수는 있습니다. 의사는 약을 처방해 줄 수 있습니다. 당신은 집으로 돌아가서 그 약을 서랍 속에 넣어둡니다. 심지어 당신의 침대머리맡 테이블 위에다 둘 수도 있습니다. 그럼에도 불구하고 당신의 병은 점점 더 악화될 수 있습니다. 의사에게 전화를 걸어 이렇게 말할 수도 있습니다. "나는 이해가 안됩니다. 나는 처방대로 약을 구했습니다. 약 값도 치렀지만 어떻게 더 병이 악화되고 있습니까?"

그러면 의사가 이렇게 물어볼 것입니다. "당신은 지시한 대로 약을 복용하고 있습니까?"

"아니요. 그렇지만 약은 내 침대 곁 병 속에 들어 있는데요."

약이 약병 속에 있다고 효과를 나타내는 것이 아닙니다. 당신이 그 약을 당신 속에 집어넣어야 합니다!

당신이 하나님의 약을 당신 침대 옆 테이블 위에 두었다고 역사하는 것이 아닙니다. 서랍 속에 성경책을 넣어 두었다고 역사하는 것이 아닙니다. 성경을 읽는다고 역사하는 것도 아닙니다. 성경 구절 몇 개를 외운다고 역사하는 것도 아닙니다. 당신이 "나는 성경 말씀을 믿습니다"라고 말한다고 역사하는 것도 아닙니다. 당신이 "나는 하나님의 말씀을 단어 하나하나가 영감으로 기록된 것임을 믿습니다"라고 말한다고 역사하는 것도 아닙니다.

하나님의 말씀은 당신이 말씀을 당신 안에 집어넣어야만 역사하는 것입니다! 당신 심령(heart)속에! 하나님의 말씀을 당신의 심령 속에 집어넣으려면 말씀을 한 번 읽은 다음 잊어버리는 식으로 해서는 안되고 그 읽은 말씀을 묵상해야 합니다 (meditating upon it). 말씀대로 생각하는 것입니다. 말씀을 먹는 것입니다. 말씀이 당신의 속 사람의 한 부분이 될 때까지 해야 합니다.

하나님의 약은 그의 말씀입니다. 여기 이 약을 먹는 방법이 있습니다.

1. 내 아들아, 내 말에 주의해라

내 말에 '주의하다'(attend)라는 것은 무엇을 의미합니까? 내가 만일 시내에서 한 친구를 만나보려고 하다가 길을 걷고 있는 그를 보면 "잠깐만! 나 자네에게 할 말이 있네"라고 말했을 때 "오, 아니야 해긴 형제, 난 지금 자네와 이야기할 수가 없네. 저 아래서 누구와 약속이 있는데 벌써 10분이나 늦었다네. 난 지금 이 일에 신경을 써야 하네"라고 말했다고 칩시다.

그가 나를 무시하려고 해서 그런 것이 아닙니다. 그가 내게 화가 나서 그런 것도 아닙니다. 그는 나를 좋아합니다. 그는 나와 말하고 싶고 교제하고 싶어합니다. 그러나 그는 우선권을 두어야 할 일이 있는 것입니다. 그는 딴 생각하지 않고 열중해서 해야 할 일이 있는 것입니다.

릴리언 비 요먼 박사는 의사로서 자신이 신유를 체험하고 나서 자신의 삶을 하나님의 병고침에 대해 가르치고 또 신유 사역을 하는데 바쳤는데, 그녀의 부흥회 기간 중 낮에는 "치유학교(healing classes)"라고 부르는 시간에 가르쳤습니다. 그녀는 이에 관하여 한 책에서 이렇게 썼습니다. "나는 가끔 거의 화를 낼 지경이 되는 적이 있습니다. 우리가 하나님의 말씀을 공부할 때, 몸의 치유 같은 중요한 것을 가르칠 때 사람들이 조금도 관심을 기울이지 않는 것을 발견할 때입니다. 그들은 찬송가나 뒤적이며 멍하니 허공을 바라보거나 창 밖을 내다보기도 합니다. 껌도 씹구요. 그런데 바로 그러던 사람들이 자기들을 위해 믿음의 기도를 해주기를 바랍니다. 그러면서도 자신들은 아무 것도 하려고 하질 않습니다."

하나님은 자녀들이 영적으로 성장하기를 바라십니다. 하나님께서는 우리가 자랄 수 있는 방법을 제공하셨습니다. 성령님은 베드로를 통해 말씀하셨습니다. "갓난 아이들같이 순전하고 신령한 젖을 사모하라. 이는 이로 말미암아 너희로 구원에 이르도록 자라게 하려 함이라"(벧전 2:2).

하나님은 그의 자녀들이 영적으로 성장해서 기도 생활을 발전시키며 믿음 생활을 발전시켜서 스스로 두 발로 서기를 원한다는 것을 나는 믿습니다. 더 이상 다른 사람 누군가가 자기를 위해 기도해주고 믿음으로 실천해주고 치유 받도록 해 주는 영적 어린 아이가 되지 않기를 바랍니다.

내가 기도하는 것과 믿음에 대해 30년 전보다 현재 더 많이 알고 있지 못하다면 나는 걱정될 것입니다. 우리가 살고 있는 오늘날을 나는 두려워 할 것입니다. 내게 무슨 일이 일어날지 몰라서 말입니다. 그러나 하나님께 감사하게도 우리는 하나님과 동행할 수 있습니다. 우리는 하나님의 말씀과 동행할 수 있습니다. 하나님의 말씀은 작년보다 오늘 우리에게 더 실제적일 수 있습니다. 올해가 작년보다 더 효과적인 기도를 할 수 있도록 우리는 기도하는 법을 배울 수 있습니다. 우리의 믿음은 작년보다 올해에 더 커질 수 있습니다. 작년보다 오늘 하나님이 우리에게 더 실제적이 될 수 있습니다. 우리가 하나님이 말씀하신대로 행한다면 하나님은 그럴 것입니다. "내 아들아, 내 말에 귀를 기울이라…."

"예수께서 대답하여 이르시되 기록되었으되 사람이 떡으로만 살 것이 아니요, 하나님의 입으로부터 나오는 모든 말씀으로 살 것이라 하였느니라 하시니…"(마 4:4).

하나님께서는 "내 말에 주의하라"고 하셨습니다. 이 말은 "내 말에 우선권을 두라"는 뜻이고 "내 말에 너의 흐트러짐이 없는 주의를 기울여라"란 뜻이며 "다른 것은 내보내고 내 말을 받아들여라"라는 뜻입니다.

2. 네 귀를 내가 말하는 것에 기울여라

"네 귀를 내가 말하는 것을 향해 열어라."
"네 귀를 하나님의 말씀을 향해 열어라."
당신의 귀를 무엇을 향해 기울이라고 했습니까?
"내가 말하는 것에…."
당신의 귀를 하나님이 말하는 것을 향해 열으십시오.
"그렇지만 나는 이해가 안되는데요."
어떤 사람들은 이렇게 말합니다.
하나님께서는 우리가 그의 말씀을 이해하라고 하시지 않습니다. 하나님께서 우리에게 원하시는 것은 우리가 그의 말씀을 믿는 것입니다. 나는 많은 것들이 어떻게 작동하는지 이해하지 못합니다. 그렇지만 그것들이 역사하는 것에 대해 하나님께 감사드립니다. 우리가 믿음으로 그것들은 작동하고 있습니다.

당신은 새로운 탄생이 어떻게 되는 것인지 자연인의 관점에서 설명할 수는 없습니다. 예수 그리스도를 주로 믿고 그분을 당신의 구주로 영접하고 그분을 당신의 주로 고백함으로 당신이 거듭났다는 것을 어떻게 설명할 수 있습니까? 성령님께서 당신의 영에 당신이 하나님의 자녀라는 것을 증거한다는 것을 어떻게 설명하겠습니까?

그러나 분명한 것은 당신이 이것을 알고 있다는 것입니다. 하나님께 감사하십시오.

당신은 어떻게 사람이 성령으로 충만함을 받고 다른 방언으로 말하게 되는가를 설명할 수 없습니다. 그러나 성령 충만 받고 방언을 말하는 것을 하나님께 감사하십시오. 뿐만 아니라 나는 어떤 사람에게 어떻게 하나님의 치유하심이 역사하는지 말할 수도 없습니다. 그러나 나는 무엇이 신유를 일으키는지는 알고 있습니다. 그것은 믿음입니다. 믿음이 하나님의 병고침을 일어나게 합니다.

이것이 바로 하나님께서 "내 말에 최우선하라. 내 말에 주의하라. 네 귀를 내 말에 기울이라"고 말씀하시는 이유입니다. 왜냐하면 믿음은 들음에서 나고 들음은 하나님의 말씀으로 말미암기 때문입니다!(롬 10:17)

말씀이 당신의 심령(heart) 속에 당신의 영 속으로 들어가기만 하면 믿음은 자동적으로 거기 있을 것입니다. 당신은 믿음을 구할 필요가 없습니다. 당신은 찾을 필요가 없습니다. 당신의 편에서는 아무 노력도 필요 없습니다. 당신이 말씀을 먹고 그의 말씀을 받아들이면 믿음은 무의식적으로 당신의 영 안으로 들어오게 될 것입니다.

믿음은 실마리를 가지고 있습니다. 이것이 비밀입니다. 믿음이 예수님께서 땅 위에 계실 때 병을 고치셨던 비밀입니다.

주님은 백부장에게 말했습니다. "가라, 네 믿음대로 될지어다"(마 8:13). 바로 그 시간에 그의 종은 병고침을 받았습니다.

혈루병을 앓고 있던 여인이 예수님의 옷을 만졌을 때 예수님은 말씀하셨습니다. "딸아, 네 믿음이 너를 구원하였으니 평안히 가라. 네 병에서 놓여 건강할지어다"(막 5:34). 야이로는 그의 어린 딸이 집에서 죽어가는 때에 예수님에게 왔습니다. 그는 주님께 "오셔서 주님의 손을 내 딸에게 얹으사 그로 구원을 받아 살게 하소서"라고 간청하였습니다(막 5:23). 그런데 예수님께서 그의 집으로 가고 있을 때 혈루병을 앓던 여인이 와서 그의 옷을 만졌으며 그녀는 치유를 받았습니다. 예수께서 지체하자 야이로의 집에서 사람들이 와서 말했습니다. "주님을 더 괴롭히지 마십시오. 당신의 딸은 죽었습니다."

이것보다 더 낙망스러운게 어디 있겠습니까? 다 끝난 것입니다.

그러나 예수님은 그에게 돌아서서 "두려워 말고 믿기만 하라"(막 5:36)고 말씀하셨습니다. 두려워 하지 말라 – 오직 믿기만 하라!

예수님께서 그 집에 가보니 어린 여종은 병상에서 일어나 완치되어 있었습니다.

두 눈 먼 사람이 야이로의 집에서부터 "다윗의 자손이여, 우리를 불쌍히 여기소서"라고 외치며 예수님을 따라왔습니다. 예수님께서 그들에게 말씀하셨습니다. "너희는 내가 이 일을 할 수 있다고 믿느냐?"(막 9:28) 그들이 말했습니다. "예, 주님." 그러자 주님은 "네 믿음대로 네게 될찌어다"(막 9:29)라고 말씀하시면서 그들의 눈을 만지셨습니다. 그러자 그들의 눈이 열렸습니다.

믿음이 하나님의 치유가 일어나도록 한 것입니다. 하나님께서는 우리에게 어떻게 믿음이 오는지 정확하게 말씀하셨습니다.

로마서 10장 17절에서 하나님은 말씀하셨습니다. "그러므로 믿음은 들음에서 나며(come, 오며)" 믿음은 오는 것(나는 것, 생기는 것)입니다. 어디로부터 올까요(생길까요)? 어떻게 올까요(생길까요)? "믿음은 들음에서 나며(생기며)" 믿음은 봄으로 생기는 것이 아닙니다. 믿음은 느낌으로 생기는 것이 아닙니다. 믿음은 들음으로만 생깁니다. 무엇을 듣는다는 말입니까? "하나님의 말씀을 들음으로" 믿음은 하나님의 말씀을 들음으로 생깁니다(옵니다)!

그래서 하나님께서는 "네 귀를 내가 말하는 것에 기울이라"고 말씀하셨습니다. 이것이 믿음이 오는 방법입니다!

이것이 신유에 대한 믿음이 오는 방법입니다. 다시 한 번 잠언 4장 22절을 반복해 봅시다. "그것은(내 말은) 얻는 자에게 생명이 되며 그의 온 육체의 건강(약)이 됨이라."

나는 그리스도인들이, 특히 성령충만 받은 그리스도인들이 아플 때 – 물론 그들도 아프지요 – 왜 질병에 대해 하나님께서 무엇이라고 말씀하시는지 알아보려고 시간을 내지 않는지 알 수가 없습니다. 또는 왜 하나님께서 하시는 말에 귀를 기울여 듣지 않는지 알 수가 없습니다. 하나님께서 하시는 말씀에 귀를 기울이는 대신에 다른 사람들이 무엇이라고 말하는지에 대해서만 기울입니다. 사람들의 심령(in their hearts)은 옳아도, 머리 속은 틀릴 수가 있습니다. 오해하지 마십시오.

나는 이미 오래 전에 사람들이 어떤 주제에 관해서든지 하나님의 말씀을 당신에게 주기 전에는, 그들이 심지어 설교자들이라 할지라도 그들이 말하는 것에 귀를 기울여서는 안된다는 것을 배웠습니다. 때로는 착한 사람들조차 당신이 영적인 실수를 하도록 하는 육신적인(natural) 조언을 해주기 때문입니다.

하나님은 "내 말에 네 귀를 기울여라"라고 말씀하셨습니다. 당신이 하나님의 음성에 귀를 기울이려면 때로는 다른 것들에 대해서 귀를 닫아야만 합니다.

우리는 하나님의 말씀의 축복을 누리기 위해서는 하나님께서 그의 말씀에 무엇을 말하고 있는지 귀를 기울여야 합니다. 하나님께서 우리를 위해 예비하신 축복을 누리려면, 하나님께서 그 복에 대해 말씀하시는 바에 귀를 기울여야 합니다. "네 귀를 기울여라. 하나님께서 말씀하시는 것을 잘 들어라."

하나님께서 병에 대해 말씀하시는 것이 있습니까? 많습니다. 여기 몇 개의 예가 있고 4과에 더 많이 있습니다.

하나님은 이렇게 말씀하십니다. "… 우리의 연약한 것을 친히 담당하시고 병을 짊어지셨도다 함을 이루려 하심이더라" (마 8:17).

하나님은 이렇게 말씀하십니다. "친히 나무에 달려 그 몸으로 우리 죄를 담당하셨으니 이는 우리로 죄에 대하여 죽고 의에 대하여 살게 하려 하심이라. 그가 채찍에 맞음으로 너희는 나음을 얻었나니"(벧전 2:24).

하나님은 이렇게 말씀하십니다. "하나님이 나사렛 예수에게 성령과 능력을 기름 붓듯 하셨으매 그가 두루 다니시며 선한 일을 행하시고 마귀에게 눌린 모든 사람을 고치셨으니…" (행 10:38).

하나님은 질병을 사탄의 억압(oppression)이라고 부르십니다.

3. 그것을(내 말) 네 눈에서 떠나게 하지 말며…

하나님은 우리가 들을 뿐 아니라 보라고 말씀하십니다. 무엇에 귀를 기울이란 말입니까? 무엇을 보란 말입니까? 하나님의 말씀입니다.

이 말은 치유와 관계있는 말입니다. 왜냐하면 하나님은 생명, 건강에 관해 말씀하시면서 다음 절에는 약에 관해 말씀하고 있기 때문입니다. 그러므로 치유에 관한 말씀을 찾으십시오. 건강에 관한 말씀을 찾으십시오. 그리고 찾은 말씀을 바라보십시오. 그 말씀이 당신의 눈에서 떠나지 않게 하십시오. 다른 것은 쳐다보지 마십시오. 오직 말씀만 바라보십시오.

말씀은 "그가 채찍에 맞음으로 너희는 나음을 입었다"고 말하고 있습니다. 과거형입니다! "너희들은 치료받았다." 이 말씀이 당신의 눈 앞에서 떠나지 않는다면 당신은 자신이 건강하게 된 것을 볼 수밖에 없습니다. 말씀만 당신의 눈에서 떠나지 않게 한다면, 하나님께서 당신에게 속한 것이라고 하는 그것이 당신 자신의 것이 되는 것을 보게 되어 있습니다.

만일 당신을 아픈 자신으로 보거나 치료받지 못한 자로 보거나 병이 악화되는 자신으로 보면 그 말씀은 당신 눈 앞에서 떠난 것입니다. 당신은 무엇인가 다른 것을 보고 있는 것이지요. 당신은 무언가 다른 것으로 당신 자신을 보고 있는 것입니다.

아무도 내게 말해 준 사람이 없었습니다. 이 주제에 관해 나는 배운 적도 없었습니다. 그러나 성령님께서 나의 선생님이 되셔서, 나를 말씀대로 인도하는 것이 놀라울 따름입니다. 성령님이 말씀의 저자입니다. 성령님께서 나를 인도하신 후에야 나는 이것을 깨달았습니다.

나는 아무 것도 모르고 인도받았습니다! 그러나 내가 몸의 치유를 받아들이게 되었을 때 결정적인 전환점이 무엇이었는지는 기억하고 있습니다. 나는 총 16개월 동안 침대에 누워 있었습니다. 이 전환점은 12달째가 되는 3월 달에 있었습니다.

그 전 11개월 동안 나는 자신을 죽은 자로 보았습니다. 오! 나는 수천 번 죽음을 통과했습니다. 아마 만 번은 될 것입니다. 여러분도 하루 24시간 오직 육체의 증상과 아픔 외에는 아무 할 일도 없이 침대에 꼼짝 못하고 누워있다면 많은 생각을 할 수 있습니다.

나는 나의 병이 점점 악화되는 것을 보았습니다. 나는 자신이 죽어가고 있는 것을 보았습니다. 밤에 모든 전등이 꺼지고 모든 사람들이 잠들고 나면, 나는 혼자 앉아 수 많은 밤마다 내가 죽었다는 생각을 했습니다.

나는 내 몸을 보았습니다. 장의사가 와서 내 몸을 장례식장으로 가져가는 것을 보았습니다. 땅에 묻으려고 몸을 준비하는 것을 보았습니다. 나를 관에 넣는 것을 보았습니다. 관을 가지고 집으로 오더니 거실에다 놓는 것을 보았습니다. 식구들이 내 주변에 둘러앉는 것을 보았습니다. 나는 그들이 우는 소리를 듣고 눈물을 보았습니다. 나는 그들이 교회로 가는 것을 보았습니다. 내 관을 교회 통로로 굴려 미는 것을 보았습니다. 설교자가 강단 앞에 선 것을 보았습니다. 나는 그의 설교를 들었습니다. 나는 찬송을 들었습니다. 마지막으로 사람들이 돌아가며 관을 들여다보는 것을 보았습니다. 그들과 함께 와서 나도 역시 들여다보았습니다. 관에 누워있는 사람은 바로 나였습니다. 나는 나의 얼굴을 들여다보았습니다. 차갑고 희었습니다. 나는 죽은 자신을 보았습니다.

그들이 나의 관을 굴려 올리더니 관을 메는 사람들이 관을 영구차 속에 넣는 것을 보았습니다. 75번 고속도로를 달려 '포리스트 그로브 묘지'로 빠져나오는 것을 보았습니다. 방금 판 무덤을 보았습니다. 사람들이 우리 가족 묘지 터로 이동해 오는 것을 보았습니다. 거기다 관을 내려놓고 관 주변에 꽃을 놓고 마지막 묘지에서 갖는 하관식을 하는 것을 보았습니다. 친구들이 떠나가고 가족들도 자기 차를 타고 집으로 가는 것을 보았습니다. 관은 상자 모양 속으로 낮추어 들어가고 뚜껑을 덮는데 나는 흙덩어리가 관 뚜껑에 떨어지는 소리를 들었습니다. 무덤을 흙으로 가득 채워 넣는 것을 보았습니다. 흙을 쌓아 올렸습니다. 그 위에 꽃들을 놓았습니다. 나는 그 꽃들이 시들어 죽어서 없어지는 것을 보았습니다. 나는 그 무덤을 보았습니다. 나는 그 오래된 묘지에 내가 죽어서 묻혀 있는 것을 보았습니다.

나는 나무의 잎들도 마침내 말라 죽는 것을 보았습니다. 앙상한 가지만 남은 나무로 서 있는 나무도 보았습니다. 비가 오고 날이 추워지고 겨울에 눈이 오는 것도 보았습니다. 봄이 온 것도 보았습니다. 새들이 노래하는 소리도 들었습니다. 여름이 오고 태양이 무덤 위에 쨍쨍 내려 쬐는 것도 보았습니다. 나는 내가 죽은 것을 보았습니다.

그러나 어디선가 나는 기억할 수 있습니다. 내가 이 성경 말씀을 읽고 났을 때입니다. "그것이 네 눈에서 떠나지 말게 하라." 어떻게 그렇게 되었는지 알 수 없지만 나는 이 말씀이 역사하리라는 것을 알았습니다. 내가 그 말씀을 이해한 것은 아니었습니다. 나는 이 말씀을 설교하는 것을 들어본 적도 없었습니다. 나는 16살 소년에 지나지 않았습니다. 그러나 나는 이 말씀이 하나님의 말씀인 것을 알았습니다. 나는 하나님께서 "나의 말은 약이다"라고 하신 것을 알았습니다. 나는 하나님께서 "나의 말은 네 모든 육체에 건강이다"라고 하신 것을 알았습니다. 그 말은 내 머리부터 발바닥까지라는 뜻입니다! 다섯 명의 의사들이 아무 손도 쓸 수 없기 때문에 내가 죽을 수밖에 없다고 말한 것도 나는 알고 있었습니다. 그러나 나는 내 자신이 건강한 것을 보기 시작했습니다!

이전의 심장마비가 일어나곤 했는데 더 악화되는 것 같기도 했습니다. 그러나 나는 비웃어버렸습니다. 그냥 웃어버렸습니다! 그 모든 심장마비 바로 면전에서! 나는 나 자신을 나은 것으로 보았습니다!

나는 나 자신에게 이렇게 질문해 보았습니다. "이제 나아서 일어난다면 난 무엇을 할까?"

"나는 설교를 하고 있을꺼야!" 내가 대답했습니다.

"종이와 연필을 주세요"라고 말하고 나는 설교를 준비했습니다. 나는 그 설교들 중에 하나만 실제로 설교했습니다. 나머지 것들은 설교할 만한 것이 못되었지만 마침내 상자 가득히 채웠습니다. 나는 자신이 건강하게 된 것을 보았습니다.

여러분은 내가 무엇을 말하고 있는지 알 수 있습니까? "하나님의 말씀이 당신의 눈 앞에서 떠나지 않게 하십시오. 왜냐고요? 말씀은 생명이기 때문입니다! 말씀은 생명입니다!"

4. 말씀을 네 가슴에 지켜라

'가슴'은 바로 당신 존재의 핵심을 의미합니다. 가슴은 당신의 영, 즉 당신의 속 사람 안입니다. 시편 기자는 말했습니다. "내가 주께 범죄하지 아니하려 하여 주의 말씀을 내 마음에 두었나이다"(시 119:11).

제 3장에서 어떻게 하는 것인지 예를 보여드렸습니다. 그러면 이제 그 결과가 무엇입니까? 하나님의 말씀은 결과를 창출해 냅니다. 이런 훈계를 따른 결과가 무엇입니까?

그 결과 : 그것을 얻는 자에게 생명이 되며 그의 온 육체의 건강이 됨이니라

나는 이 말씀을 믿습니다! 병들어 침대에 누워있던 침례교도 소년으로서 나는 나의 성경책 속의 백지 한 장에다 빨간 잉크로 썼습니다. 나의 모토 – 성경이 그렇게 말하고 있다. 나는 그 말씀을 믿는다. 그러면 문제는 해결되고 끝난 것이다(The Bible says it, I believe it. And that settles it).

성경을 읽을 때 그 말씀은 내게 하나님의 말씀입니다. 나는 말씀을 믿습니다. 말씀이 해결합니다. 이것이 끝입니다. 토의가 쓸모 없습니다. 왜냐하면 성경이 그렇게 말하고 있기 때문입니다. 하나님의 말씀은 건강입니다. 말씀이 약입니다. 모든 육체에 약입니다.

어떤 사람이 질문을 했습니다.

"해긴 형제, 아팠던 적이 있었소?"

"없었네."

"아, 그래. 하지만 자네는 내가 무슨 의미로 말하는지 알고 있지?" 그가 말했습니다. 이 사람은 순복음 설교자로서 성령 충만 받고 병자를 위해 기도한다는 사람이었습니다. 그는 이렇게 말했습니다. "내가 먹는 것을 말해주겠네. 이 약은 정말 효과가 있더군." 그리고 나서 그는 그가 먹고 있는 것에 대해 장황한 이야기를 늘어놓으며, 그가 어떻게 하나님의 병고침에 대해 설교할 수 있는지 말했습니다. 그리고 나서 내게 물었습니다. "자네는 무얼 먹나?"

"나는 내가 설교한 것을 먹네"라고 내가 대답했습니다. 자신에게 효과가 없는데 어떻게 다른 사람에게 효과가 있다는 것인지 나는 알 수가 없었습니다.

"그래, 그렇지만 좀 찌뿌듯하게 느껴질 때가 있지 않나?"

"자주 그렇지는 않네."

"그럼, 좀 몸이 안 좋으면 자네는 어떻게 하나?"

나는 대답했습니다. "나는 약을 두 배로 먹는다네. 복용량을 배로 늘인다네. 성경읽기를 두 배로 더하지. 그리고 그 말씀은 이적을 일으킨다네."

제 3 장
하나님의 약 :
마음(heart)에 적용해야 합니다

    하나님의 말씀, 하나님의 약을 믿을 뿐만 아니라 우리 마음, 즉 영에 적용해야 합니다. 그러나 흔히 일어나는 경우는 이렇습니다. 사람들은 어떤 약속을 읽고 아마도 외울 수 있겠지만 그 말씀을 실제로 그 영에 넣지 않고서 말씀대로 행하려고 노력합니다. 말씀이 영(heart)에 보다는 머리에 더 많이 있는 경우입니다.

    나는 항상 이렇게 합니다. 나는 무엇이든지 즉시 기도하지 않습니다. 예를 들면 1952년 나는 텍사스 시에서 집회를 하고 있었습니다. 내 딸 팻은 그 때 어린 아이였습니다. 딸의 눈 가까이에 무슨 종기 같은 것이 자라고 있었습니다. 집회를 인도하러 집을 떠나기 전에 나는 손을 얹고 기도했습니다. 그런데 월요일 날 아내가 편지를 보내 왔는데 그 종기가 그대로 있다고 했습니다.

    아내는 "팻이 다음 월요일 간호원이 순회 방문을 할 때 뭐라고 말해야 할지 알기를 원한다"고 편지에 썼습니다. 한 달에 한 번씩 간호원이 초등학교를 돌며 아이들의 눈과 귀 같은 곳을 검사했습니다. 그 간호원이 팻의 종기를 보면, 우리가 딸을 의사에게 데려 갈 것인지 물어볼 거란 사실을 우리는 알고 있었습니다. 우리는 딸을 의사에게 데리고 가지 않았기 때문에 팻은 간호원에게 무슨 말을 해야 할지를 알기 원했습니다.

나는 그 편지를 화요일 날 받았고, 답장을 하기 전에 조금 시간이 있었습니다. 나는 내 마음에서 잠시 이 문제를 저녁 집회 후로 미루어두어 내 주의가 흐트러지지 않도록 하였습니다.

그날 밤 저녁 예배를 마치고 호텔에 돌아와서 10시부터 10시 15분까지 라디오 뉴스를 듣고 라디오를 끈 후 10시 15분에 성경을 집어 들면서 나는 스스로에게 말했습니다. "병고침에 관한 성경 말씀을 한 시간 동안 읽어야겠다."

나는 감히 말하건데 병고침에 관한 성경 구절의 90%를 암기할 수 있었습니다. 내 성경에는 모두 줄이 그어져 있었습니다. 그렇지만 나는 창세기에서 시작해서 이 치유에 관한 구절들을 아주 천천히 신약 성경까지 읽었습니다.

11시 15분에 나는 성경을 덮어놓고 불을 껐습니다. 그리고는 "여기 한 시간만 누워 이 말씀들을 중얼거리며 읊조려야겠다"고 말했습니다.

로이 힉스 박사는 구약 성경의 '묵상하다(meditate)'라는 단어는 '낮은 소리로 읊조리다, 중얼중얼 거리다(mutter)'라는 뜻이 있음을 지적했습니다. 내가 한 것이 바로 그것이었습니다.

밤에 거기 침대에 누워 나는 그 성경 구절들을 자신에게 낮은 소리로 중얼거렸습니다.

12시 15분에 나는 이렇게 말했습니다. "한 시간 자고 나서 일어나 또 한 시간 이 구절들을 읊조려야지. 그리고 또 한 시간 자고 일어나 또 한 시간 읊조리고 아침까지 해야지."

그리고 나는 그렇게 했습니다. 성령님은 당신의 영에 계십니다. 당신의 몸은 휴식과 잠이 필요합니다만 당신의 영은 그런 것이 필요 없습니다. 나는 내 속에 자명종이 있습니다. 나는 내 영에게 "나는 한 시간 잘 것이다"라고 말하기만 하면 한 시간 후에 나의 영이 나를 깨워줍니다. 그리고 나서 한 시간 동안 치료에 관한 이 성경 구절들을 읊조렸습니다.

그 때 내게 필요한 것은 내 딸을 위한 치료였습니다. 다른 것에 관해 읊조릴 아무 이유가 없었습니다. 재정분야의 약속의 말씀을 생각할 필요가 없었습니다. 이런 것은 그 때 내게 필요한 것이 아니었으니까요. 나는 밤새도록 그렇게 하였습니다. 그 다음 날도 나는 똑같이 하였습니다. 뉴스를 들은 다음 성경을 집어 들고 신유에 관한 성경 구절들을 천천히 한 시간 동안 읊조린 후 한 시간 자고 한 시간을 읊조리고 한 시간 자면서 이틀 밤을 보냈습니다.

그리고 나서 목요일 오후에 아내에게 편지를 썼습니다. "월요일 날 팻이 간호원에게 뭐라고 말해야 할지 알고 싶다고 했지요?" (나는 간호원에게 뭐라고 말을 해야 하는지 말하지 않았습니다. 나는 하나님의 말씀을 취하여 내 영에 심었습니다. 나는 내 머리로 알고 있는 것을 가지고 바로 행동하지 않았습니다.)

"팻에게 아빠 말씀이 그 애는 고침 받았다고 말해줘요. 나는 2+2=4이고, 3×3=9가 되는 것을 내 머리로 아는 것과 같이 팻이 고침 받은 것을 내 마음(heart)으로 알고 있어요." (당신도 하나님의 말씀을 당신의 영, 즉 실제 믿음으로 당신 머리로 다른 것을 알듯이 그렇게 알아야 합니다.)

아내는 그 편지를 읽고 팻이 학교에서 돌아올 때까지 옆으로 치워두었다고 말했습니다. 편지가 생각이 나서 팻을 집 안으로 불렀을 때 그 아이는 밖에서 인형을 가지고 놀고 있었습니다.

"팻, 아빠가 편지를 보내오셨는데, 아빠가 이렇게 쓰셨단다. '팻에게 너는 고침 받았다라고 말해줘요. 나는 2+2=4이고, 3×3=9가 되는 것을 내 머리로 아는 것과 같이 팻이 고침 받은 것을 내 마음(heart)으로 알고 있어요'라고."

내 아내는 팻이 그 말을 생각하는 듯 약 일분간 서 있더라고 내게 말했습니다. 그리고 나서 팻은 "아빠가 그렇게 말하셨으면 그렇지 뭐"라고 말했습니다. 그리고 돌아서서 밖으로 놀러 갔습니다.

다음 월요일이 되자 그 종기는 사라져 버렸습니다. 아주 없어졌습니다. 팻은 간호원에게 아무 말도 할 필요가 없었습니다. 나도 그 질문에 대답하지 않았습니다. 하나님의 말씀 즉 하나님의 약을 당신의 영에 장착하십시오.

한 아내가 어떤 요리에 관해 알고 있다고 합시다. 아무 것도 차려있지 않은 빈 테이블에 앉아 그녀의 남편에게 맛있는 요리법에 관해 설명할 수 있습니다. 모든 재료와 또 어떻게 그것들을 준비하는지에 대해서도 설명할 수 있지요. 그러나 그 모든 것을 안다는 것이 그 남편의 배를 채울 수 없습니다. 안다는 것만으로는 그녀의 배도 채워줄 수 없습니다. 당신이 요리할 줄 아는 것을 요리해서 먹어야만 합니다. 여러 가지 요리를 해서 테이블에 놓고 앉아서 요리에 관해 말하는 것도 당신의 배를 채우지 못합니다.

성경이 바로 그렇습니다. 말씀이 바로 거기 있고 우리는 말씀에 대해 말합니다. 우리는 성경 구절을 가지고 토론을 합니다. 외우기도 합니다. 그러나 실제로 그것이 우리 안에 들어가지는 않습니다. 우리 영 깊이 뿌리내리지 않습니다. 그래서 말씀이 우리에게 그대로 역사하지 않는 것입니다.

강한 믿음을 지키려면 말씀을 계속 먹으십시오. 믿음의 말씀을 끊임없이 먹으십시오. 내가 등심 스테이크를 한번 먹었다고 "등심 스테이크가 어떤 맛이 나는지 나는 알고 있지. 한번 먹어봤으니 다시는 안먹을거야."라고 말하지 않을 것입니다. 기회 있을 때마다 스테이크를 먹을 것입니다. 지속적으로 먹고 운동을 해야 몸이 강건함을 유지할 수 있습니다.

오래 전에 피씨 넬슨으로부터 배웠습니다. 그는 "믿음과 치유의 말씀 구절을 계속 먹으십시오. 무엇이든 믿음과 신유에 관한 것을 계속 먹으십시오"라고 말했습니다. 매일 늘 하는 일로서 다른 어떤 것을 읽고 있든지 나는 믿음과 치유의 말씀 구절을 꼭 읽습니다. 나는 계속 이런 말씀을 먹습니다.

어떤 이들은 이렇게 말할지도 모르겠습니다. "나는 그렇게 될 것을 그냥 믿을 것입니다. 케네스 해긴에게 역사했으니까 내게도 역사하겠지요."

그렇지만 그들도 내가 했던 대로 똑같이 하지 않으면 그들을 위해 역사하지 않을 것입니다. 왜냐하면 그들의 믿음은 양식을 공급받지 못했기 때문입니다. 예수님께서 말씀하셨습니다. "네 믿음대로 될지어다."

신앙의 아버지인 넬슨이 말한 것과 같이 "당신 자신이나 당신 가족 중에 어떤 사람을 위해서 당신의 믿음이 필요할 때가 오게 될 것입니다. 그 때 만일 당신이 강한 믿음을 지니고 있지 않다면 당신은 불리하게 될 것입니다."

하나님의 말씀, 즉 하나님의 약을 당신의 영에 장착 시키십시오(Get the Word of God - God's Medicine - built into your spirit)!

제 4 장
읊조릴 처방전

대속 안에 있는 치유

"그는 실로 우리의 질고를 지고
우리의 슬픔을 당하였거늘
우리는 생각하기를 그는 징벌을 받아
하나님께 맞으며 고난을 당한다 하였노라
그가 찔림은 우리의 허물 때문이요
그가 상함은 우리의 죄악 때문이라
그가 징계를 받으므로 우리는 평화를 누리고
그가 채찍에 맞으므로 우리는 나음을 받았도다"
(사 53:4-5)

"저물매 사람들이 귀신 들린 자를
많이 데리고 예수께 오거늘
예수께서 말씀으로 귀신들을 쫓아 내시고
병든 자들을 다 고치시니
이는 선지자 이사야를 통하여 하신 말씀에
우리의 연약한 것을 친히 담당하시고
병을 짊어지셨도다 함을 이루려 하심이더라"
(마 8:16-17)

"친히 나무에 달려 그 몸으로 우리 죄를 담당하셨으니
이는 우리로 죄에 대하여 죽고
의에 대하여 살게 하려 하심이라
그가 채찍에 맞음으로 너희는 나음을 얻었나니"
(벧전 2:24)

"그리스도께서 우리를 위하여 저주를 받은 바 되사
율법의 저주에서 우리를 속량하셨으니
기록된 바 나무에 달린 자마다
저주 아래에 있는 자라 하였음이라"
(갈 3:13)

신명기 28장 15-22절, 27-29절, 35-61절에 의하면 모든 병과 아픔은 율법의 저주입니다. 그러나 하나님을 찬양합시다. 갈라디아서 3장 13절에 의하면 그리스도께서 우리를 율법의 저주로부터 속량하셨습니다!

치유 … 아버지의 뜻

"너희가 너희 하나님 나 여호와의 말을 들어 순종하고
내가 보기에 의를 행하며
내 계명에 귀를 기울이며 내 모든 규례를 지키면
내가 애굽 사람에게 내린 모든 질병 중 하나도
너희에게 내리지 아니하리니
나는 너희를 치료하는 여호와임이라"
(출 15:26)

"네 하나님 여호와를 섬기라
그리하면 여호와가 너희의 양식과 물에 복을 내리고
너희 중에 병을 제하리니
네 나라에 낙태하는 자가 없고
임신하지 못하는 자가 없을 것이라
내가 너의 날 수를 채우리라"
(출 23:25-26)

"여호와의 눈은 온 땅을 두루 감찰하사
전심으로 자기에게 향하는 자들을 위하여
능력을 베푸시나니"
(대하 16:9)

"화가 네게 미치지 못하며
재앙이 네 장막에 가까이 오지 못하리니
내가 그를 장수하게 함으로 그를 만족하게 하며
나의 구원을 그에게 보이리라 하시도다"
(시 91:10, 16)

"내 영혼아 여호와를 송축하며
그의 모든 은택을 잊지 말지어다
그가 네 모든 죄악을 사하시며 네 모든 병을 고치시며"
(시 103:2-3)

"그가 그의 말씀을 보내어 그들을 고치시고
위험한 지경에서 건지시는도다"
(시 107:20)

"내 입에서 나가는 말도 이와 같이
헛되이 내게로 되돌아오지 아니하고
나의 기뻐하는 뜻을 이루며
내가 보낸 일에 형통함이니라"
(사 55:11)

"너희가 악한 자라도
좋은 것으로 자식에게 줄 줄 알거든
하물며 하늘에 계신 너희 아버지께서
구하는 자에게 좋은 것으로 주시지 않겠느냐?"
(마 7:11)

"온갖 좋은 은사와 온전한 선물이
다 위로부터 빛들의 아버지께로부터 내려오나니
그는 변함도 없으시고 회전하는 그림자도 없으시니라"
(약 1:17)

"한 나병환자가 나아와 절하며 이르되
주여 원하시면 저를 깨끗하게 하실 수 있나이다 하거늘
예수께서 손을 내밀어 그에게 대시며 이르시되
내가 원하노니 깨끗함을 받으라 하시니
즉시 그의 나병이 깨끗하여진지라"
(마 8:2-3)

예수님께서 말씀하셨습니다. "나는 내 뜻을 행하려고 오지 않고 나를 보내신 그 분의 뜻을 행하려고 왔다"(요 6:38). 예수님께서 이 땅 위에 사실 때 행하신 모든 것은 아버지의 뜻이었습니다. 예수님은 하나님의 뜻이 행동으로 나타난 것이었습니다. 여러분도 아버지의 뜻을 알기 원하면 예수님을 살펴보십시오.

치유 … 예수님이 하시는 일

"하나님이 나사렛 예수에게
성령과 능력을 기름 붓듯 하셨으매
그가 두루 다니시며 선한 일을 행하시고
마귀에게 눌린 모든 사람을 고치셨으니
이는 하나님이 함께 하셨음이라"
(행 10:38)

여러분 마음(heart)에 확실히 명심할 사실은 그리스도는 치료자이시며 사탄은 억압하는 자라는 것입니다.

"도둑이 오는 것은
도둑질하고 죽이고 멸망시키려는 것뿐이요
내가 온 것은 양으로 생명을 얻게 하고
더 풍성히 얻게 하려는 것이라"
(요 10:10)

"예수께서 모든 도시와 마을에 두루 다니사
그들의 회당에서 가르치시며 천국 복음을 전파하시며
모든 병과 모든 약한 것을 고치시니라"
(마 9:35)

"큰 무리가 다리 저는 사람과 장애인과 맹인과
말 못하는 사람과 기타 여럿을 데리고 와서
예수의 발 앞에 앉히매 고쳐 주시니
말 못하는 사람이 말하고 장애인이 온전하게 되고
다리 저는 사람이 걸으며 맹인이 보는 것을
무리가 보고 놀랍게 여겨
이스라엘의 하나님께 영광을 돌리니라"
(마 15:30-31)

"예수 그리스도는
어제나 오늘이나 영원토록 동일하시니라"
(히 13:8)

치유 … 교회의 사역

"내가 진실로 진실로 너희에게 이르노니
나를 믿는 자는 내가 하는 일을 그도 할 것이요
또한 그보다 큰 일도 하리니
이는 내가 아버지께로 감이라"
(요 14:12)

"또 이르시되 너희는 온 천하에 다니며
만민에게 복음을 전파하라
믿고 세례를 받는 사람은 구원을 얻을 것이요
믿지 않는 사람은 정죄를 받으리라
믿는 자들에게는 이런 표적이 따르리니
곧 그들이 내 이름으로 귀신을 쫓아내며

새 방언을 말하며 뱀을 집어올리며
무슨 독을 마실지라도 해를 받지 아니하며
병든 사람에게 손을 얹은즉 나으리라 하시더라"
(막 16:15-18)

"너희 중에 병든 자가 있느냐
그는 교회의 장로들을 청할 것이요
그들은 주의 이름으로 기름을 바르며
그를 위하여 기도할지니라
믿음의 기도는 병든 자를 구원하리니
주께서 그를 일으키시리라
혹시 죄를 범하였을지라도
사하심을 받으리라"
(약 5:14-15)

"사랑하는 자여 네 영혼이 잘됨 같이
네가 범사에 잘 되고
강건하기를 내가 간구하노라"
(요삼 2)

치유 ··· 믿는 자 안에서 역사하시는 하나님

"자녀들아 너희는 하나님께 속하였고
또 그들을 이기었나니
이는 너희 안에 계신 이가
세상에 있는 자보다 크심이라"
(요일 4:4)

병고침을 받는 믿음

"내가 진실로 너희에게 이르노니
누구든지 이 산더러 들리어 바다에 던져지라 하며
그 말하는 것이 이루어질 줄 믿고
마음에 의심하지 아니하면 그대로 되리라"
(막 11:23)

믿음의 기도

"그러므로 내가 너희에게 말하노니
무엇이든지 기도하고 구하는 것은 받은 줄로 믿으라
그리하면 너희에게 그대로 되리라"
(막 11:24)

병을 고치는 하나님의 말씀

Healing Scriptures

제 1 장
하나님의 말씀은 하나님의 처방약입니다
(God's Word Is God's Medicine)

킹 제임스 성경의 난외주를 보면 잠언 4장 22절은 "나의 말은 그들의 모든 육체에 약이다"라고 되어 있습니다. 하나님의 말씀은 당신의 온 육체의 처방약이지만, 당신에게 효과를 발휘하기 위해서는 하나님의 처방약을 복용하는 법을 배워야합니다.

우리는 믿음이 들음에서 나며, 들음은 하나님의 말씀에서 난다는 것을 알고 있습니다. 성경이 그렇게 말하고 있습니다 (롬 10:17). 그러나 이 문제에 대해 정말 사실을 말한다면, 하나님의 말씀 즉, 하나님의 처방약을 당신이 몇 시간동안 반복해서 듣는다 할지라도 여전히 계속 잘못 생각하고 잘못 말하고 있다면 그것은 조금도 효과가 없을 것입니다.

만일 당신이 계속해서 잘못 생각하고 잘못 말한다면, 하나님의 말씀은 당신에게 역사하지 않을 것입니다. 당신은 하나님의 말씀을 들어야합니다. 왜냐하면 그렇게 해야 믿음이 생기니까요. 그러나 그 후에는 당신의 믿음에 근거해서 행해야만 합니다.

그러므로 당신이 하나님의 말씀을 고백할 때, 이렇게 생각하기 바랍니다. "나는 약을 먹고 있어. 그것은 하나님의 말씀이지. 하나님의 처방약은 언제나 잘 들어. 절대로 실패하지 않지." 당신 스스로에게 그렇게 말하고 계속 그 생각을 지킨다면, 하나님의 말씀은 당신 안에서 역사할 것입니다.

잠 4장 20절에는 "내 아들아 내 말에 주의하며 내가 말하는 것에 네 귀를 기울이라"라고 되어있습니다. 이것은 하나님께서 당신에게 말씀하고 계시는 것입니다. 그분께서 계속 말씀하십니다. "그것을[하나님의 말씀] 네 눈에서 떠나게 하지 말며 네 마음속에 지키라"(21절). 왜요? 하나님의 말씀으로 당신 자신을 정죄할 수 있도록? 아니요! "그것은 얻는 자에게 생명이 되며 그의 온 육체의 건강이 됨이니라"(22절).

하나님의 말씀은 우리 온 육체의 처방약입니다. 그것이 고치지 못할 것은 없다는 뜻입니다. 그러므로 나는 단지 하나님의 처방약을 당신에게 주기 원합니다.

여기 이 성경 구절들을 당신 자신에게 소리 내어 읽어주고, 그것을 끊임없이 묵상하십시오. 잠언 4장 20~21절에서 하라고 하는 것들을 함으로 하나님의 처방약을 드십시오.

(1) 하나님의 말씀에 주의하십시오.
(2) 그것에 귀를 기울이십시오.
(3) 당신의 눈에서 떠나게 하지 마십시오.
(4) 당신 마음속에 지키십시오.

마 6:9-10
9 그러므로 너희는 이렇게 기도하라 하늘에 계신 우리 아버지여 이름이 거룩히 여김을 받으시오며
10 나라가 임하시오며 뜻이 하늘에서 이루어진 것 같이 땅에서도 이루어지이다

병고침은 하나님의 뜻입니다. 성경은 천국에는 병이 없다고 말하고 있습니다. 그러므로 우리는 마태복음 6장 10절을 통해 이 땅위에 질병이 없는 것이 하나님의 뜻이라는 것을 알게 됩니다.

마 6:9-10
9 그러므로 너희는 이렇게 기도하라 하늘에 계신 우리 아버지여 이름이 거룩히 여김을 받으시오며
10 나라가 임하시오며 뜻이 하늘에서 이루어진 것 같이 땅에서도 이루어지이다

요삼 1:2
사랑하는 자여 네 영혼이 잘됨 같이 네가 범사에 잘되고 강건하기를 내가 간구하노라

요일 5:14-15
14 그를 향하여 우리가 가진 바 담대함이 이것이니 그의 뜻대로 무엇을 구하면 들으심이라
15 우리가 무엇이든지 구하는 바를 들으시는 줄을 안즉 우리가 그에게 구한 그것을 얻은 줄을 또한 아느니라

히 12:12-13
12 그러므로 피곤한 손과 연약한 무릎을 일으켜 세우고

13 너희 발을 위하여 곧은 길을 만들어 저는 다리로 하여금 어그러지지 않고 고침을 받게 하라

빌 2:13
너희 안에서 행하시는 이는 하나님이시니 자기의 기쁘신 뜻을 위하여 너희에게 소원을 두고 행하게 하시나니

롬 8:32
자기 아들을 아끼지 아니하시고 우리 모든 사람을 위하여 내주신 이가 어찌 그 아들과 함께 모든 것을 우리에게 주시지 아니하겠느냐

약 1:17
온갖 좋은 은사와 온전한 선물이 다 위로부터 빛들의 아버지께로부터 내려오나니 그는 변함도 없으시고 회전하는 그림자도 없으시니라

롬 8:31
그런즉 이 일에 대하여 우리가 무슨 말 하리요 만일 하나님이 우리를 위하시면 누가 우리를 대적하리요

말 3:6
나 여호와는 변하지 아니하나니 그러므로 야곱의 자손들아 너희가 소멸되지 아니하느니라

사 41:10
두려워하지 말라 내가 너와 함께 함이라 놀라지 말라 나는 네 하나님이 됨이라 내가 너를 굳세게 하리라 참으로 너를 도와 주리라 참으로 나의 의로운 오른손으로 너를 붙들리라

신 7:15
여호와께서 또 모든 질병을 네게서 멀리 하사 너희가 아는 애굽의 악질에 걸리지 않게 하시고 너를 미워하는 모든 자에게 걸리게 하실 것이라

출 15:26
이르시되 너희가 너희 하나님 나 여호와의 말을 들어 순종하고 내가 보기에 의를 행하며 내 계명에 귀를 기울이며 내 모든 규례를 지키면 내가 애굽 사람에게 내린 모든 질병 중 하나도 너희에게 내리지 아니하리니 나는 너희를 치료하는 여호와임이라

렘 33:6
그러나 보라 내가 이 성읍을 치료하며 고쳐 낫게 하고 평안과 진실이 풍성함을 그들에게 나타낼 것이며

신 30:19-20
19 내가 오늘 하늘과 땅을 불러 너희에게 증거를 삼노라 내가 생명과 사망과 복과 저주를 네 앞에 두었은즉 너와 네 자손이 살기 위하여 생명을 택하고
20 네 하나님 여호와를 사랑하고 그의 말씀을 청종하며 또 그를 의지하라 그는 네 생명이시요 네 장수이시니 여호와께서 네 조상 아브라함과 이삭과 야곱에게 주리라고 맹세하신 땅에 네가 거주하리라

레 26:3,9
3 너희가 내 규례와 계명을 준행하면
9 내가 너희를 돌보아 너희를 번성하게 하고 너희를 창대하게 할 것이며 내가 너희와 함께 한 내 언약을 이행하리라

사 58:8
그리하면 네 빛이 새벽 같이 비칠 것이며 네 치유가 급속할 것이며 네 공의가 네 앞에 행하고 여호와의 영광이 네 뒤에 호위하리니

창 20:17
아브라함이 하나님께 기도하매 하나님이 아비멜렉과 그의 아내와 여종을 치료하사 출산하게 하셨으니

대하 30:20
여호와께서 히스기야의 기도를 들으시고 백성을 고치셨더라

왕하 20:5
너는 돌아가서 내 백성의 주권자 히스기야에게 이르기를 왕의 조상 다윗의 하나님 여호와의 말씀이 내가 네 기도를 들었고 네 눈물을 보았노라 내가 너를 낫게 하리니 네가 삼 일 만에 여호와의 성전에 올라가겠고

민 23:19
하나님은 사람이 아니시니 거짓말을 하지 않으시고 인생이 아니시니 후회가 없으시도다 어찌 그 말씀하신 바를 행하지 않으시며 하신 말씀을 실행하지 않으시랴

대하 6:14
이르되 이스라엘의 하나님 여호와여 천지에 주와 같은 신이 없나이다 주께서는 온 마음으로 주의 앞에서 행하는 주의 종들에게 언약을 지키시고 은혜를 베푸시나이다

대하 16:9
여호와의 눈은 온 땅을 두루 감찰하사 전심으로 자기에게 향하는 자들을 위하여 능력을 베푸시나니 이 일은 왕이 망령되이 행하였은즉 이 후부터는 왕에게 전쟁이 있으리이다 하매

시 145:8-9
8 여호와는 은혜로우시며 긍휼이 많으시며 노하기를 더디 하시며 인자하심이 크시도다
9 여호와께서는 모든 것을 선대하시며 그 지으신 모든 것에 긍휼을 베푸시는도다

욥 37:23
전능자를 우리가 찾을 수 없나니 그는 권능이 지극히 크사 정의나 무한한 공의를 굽히지 아니하심이니라

시 67:2
주의 도를 땅 위에, 주의 구원을 모든 나라에게 알리소서

시 105:37
마침내 그들을 인도하여 은 금을 가지고 나오게 하시니 그의 지파 중에 비틀거리는 자가 하나도 없었도다

시 103:3
그가 네 모든 죄악을 사하시며 네 모든 병을 고치시며

시 147:3
상심한 자들을 고치시며 그들의 상처를 싸매시는도다

시 23:1
여호와는 나의 목자시니 내게 부족함이 없으리로다

시 30:2
여호와 내 하나님이여 내가 주께 부르짖으매 나를 고치셨나이다

시 34:19
의인은 고난이 많으나 여호와께서 그의 모든 고난에서 건지시는도다

시 41:3
여호와께서 그를 병상에서 붙드시고 그가 누워 있을 때마다 그의 병을 고쳐 주시나이다

시 42:11
내 영혼아 네가 어찌하여 낙심하며 어찌하여 내 속에서 불안해 하는가 너는 하나님께 소망을 두라 나는 그가 나타나 도우심으로 말미암아 내 하나님을 여전히 찬송하리로다

마 7:11
너희가 악한 자라도 좋은 것으로 자식에게 줄 줄 알거든 하물며 하늘에 계신 너희 아버지께서 구하는 자에게 좋은 것으로 주시지 않겠느냐

병고침은 속량의 계획 안에 있습니다

사 53:4-5
4 그는 실로 우리의 질고를 지고 우리의 슬픔을 당하였거늘 우리는 생각하기를 그는 징벌을 받아 하나님께 맞으며 고난을 당한다 하였노라

5 그가 찔림은 우리의 허물 때문이요 그가 상함은 우리의 죄악 때문이라 그가 징계를 받으므로 우리는 평화를 누리고 그가 채찍에 맞으므로 우리는 나음을 받았도다

마 8:17
이는 선지자 이사야를 통하여 하신 말씀에 우리의 연약한 것을 친히 담당하시고 병을 짊어지셨도다 함을 이루려 하심이더라

벧전 2:24
친히 나무에 달려 그 몸으로 우리 죄를 담당하셨으니 이는 우리로 죄에 대하여 죽고 의에 대하여 살게 하려 하심이라 그가 채찍에 맞음으로 너희는 나음을 얻었나니

갈 3:13,14,29
13 그리스도께서 우리를 위하여 저주를 받은 바 되사 율법의 저주에서 우리를 속량하셨으니 기록된 바 나무에 달린 자마다 저주 아래에 있는 자라 하였음이라
14 이는 그리스도 예수 안에서 아브라함의 복이 이방인에게 미치게 하고 또 우리로 하여금 믿음으로 말미암아 성령의 약속을 받게 하려 함이라
29 너희가 그리스도의 것이면 곧 아브라함의 자손이요 약속대로 유업을 이을 자니라

골 1:12-14
12 우리로 하여금 빛 가운데서 성도의 기업의 부분을 얻기에 합당하게 하신 아버지께 감사하게 하시기를 원하노라
13 그가 우리를 흑암의 권세에서 건져내사 그의 사랑의 아들의 나라로 옮기셨으니
14 그 아들 안에서 우리가 속량 곧 죄 사함을 얻었도다

골 2:10,15
10 너희도 그 안에서 충만하여졌으니 그는 모든 통치자와 권세의 머리시라
15 통치자들과 권세들을 무력화하여 드러내어 구경거리로 삼으시고 십자가로 그들을 이기셨느니라

히 9:12
염소와 송아지의 피로 하지 아니하고 오직 자기의 피로 영원한 속죄를 이루사 단번에 성소에 들어가셨느니라

병고침과 장수 – 당신을 향한 하나님의 뜻

엡 5:30
우리는 그 몸의 지체임이라

살전 5:23
평강의 하나님이 친히 너희를 온전히 거룩하게 하시고 또 너희의 온 영과 혼과 몸이 우리 주 예수 그리스도께서 강림하실 때에 흠 없게 보전되기를 원하노라

호 13:14
내가 그들을 스올의 권세에서 속량하며 사망에서 구속하리니 사망아 네 재앙이 어디 있느냐 스올아 네 멸망이 어디 있느냐 뉘우침이 내 눈 앞에서 숨으리라

출 20:12
네 부모를 공경하라 그리하면 네 하나님 여호와가 네게 준 땅에서 네 생명이 길리라

신 5:33
너희 하나님 여호와께서 너희에게 명령하신 모든 도를 행하라 그리하면 너희가 살 것이요 복이 너희에게 있을 것이며 너희가 차지한 땅에서 너희의 날이 길리라

신 11:21
그리하면 여호와께서 너희 조상들에게 주리라고 맹세하신 땅에서 너희의 날과 너희의 자녀의 날이 많아서 하늘이 땅을 덮는 날과 같으리라

대상 29:28
그가 나이 많아 늙도록 부하고 존귀를 누리다가 죽으매 그의 아들 솔로몬이 대신하여 왕이 되니라

욥 5:26
네가 장수하다가 무덤에 이르리니 마치 곡식단을 제 때에 들어올림 같으니라

시 90:10
우리의 연수가 칠십이요 강건하면 팔십이라도 그 연수의 자랑은 수고와 슬픔뿐이요 신속히 가니 우리가 날아가나이다

시 91:10-16
10 화가 네게 미치지 못하며 재앙이 네 장막에 가까이 오지 못하리니
11 그가 너를 위하여 그의 천사들을 명령하사 네 모든 길에서 너를 지키게 하심이라
12 그들이 그들의 손으로 너를 붙들어 발이 돌에 부딪히지 아니하게 하리로다

13 네가 사자와 독사를 밟으며 젊은 사자와 뱀을 발로 누르리로다
14 하나님이이르시되 그가 나를 사랑한즉 내가 그를 건지리라 그가 내 이름을 안즉 내가 그를 높이리라
15 그가 내게 간구하리니 내가 그에게 응답하리라 그들이 환난 당할 때에 내가 그와 함께 하여 그를 건지고 영화롭게 하리라
16 내가 그를 장수하게 함으로 그를 만족하게 하며 나의 구원을 그에게 보이리라 하시도다

잠 3:1-2
1 내 아들아 나의 법을 잊어버리지 말고 네 마음으로 나의 명령을 지키라
2 그리하면 그것이 네가 장수하여 많은 해를 누리게 하며 평강을 더하게 하리라

잠 9:11
나 지혜로 말미암아 네 날이 많아질 것이요 네 생명의 해가 네게 더하리라

전 7:17
지나치게 악인이 되지도 말며 지나치게 우매한 자도 되지 말라 어찌하여 기한 전에 죽으려고 하느냐

사 40:31
오직 여호와를 앙망하는 자는 새 힘을 얻으리니 독수리가 날개치며 올라감 같을 것이요 달음박질하여도 곤비하지 아니하겠고 걸어가도 피곤하지 아니하리로다

사 65:22
그들이 건축한 데에 타인이 살지 아니할 것이며 그들이 심은 것을

타인이 먹지 아니하리니 이는 내 백성의 수한이 나무의 수한과 같 겠고 내가 택한 자가 그 손으로 일한 것을 길이 누릴 것이며

엡 6:1-3
1 자녀들아 주 안에서 너희 부모에게 순종하라 이것이 옳으니라
2 네 아버지와 어머니를 공경하라 이것은 약속이 있는 첫 계명이니
3 이로써 네가 잘되고 땅에서 장수하리라

제 2 장
예수 – 활동 중인 하나님의 뜻
(Jesus – The Will of God In Action)

마 4:23-24
23 예수께서 온 갈릴리에 두루 다니사 그들의 회당에서 가르치시며 천국 복음을 전파하시며 백성 중의 모든 병과 모든 약한 것을 고치시니
24 그의 소문이 온 수리아에 퍼진지라 사람들이 모든 앓는 자 곧 각종 병에 걸려서 고통 당하는 자, 귀신 들린 자, 간질하는 자, 중풍병자들을 데려오니 그들을 고치시더라

마 8:2-3
2 한 나병환자가 나아와 절하며 이르되 주여 원하시면 저를 깨끗하게 하실 수 있나이다 하거늘
3 예수께서 손을 내밀어 그에게 대시며 이르시되 내가 원하노니 깨끗함을 받으라 하시니 즉시 그의 나병이 깨끗하여진지라

마 8:5-10,13
5 예수께서 가버나움에 들어가시니 한 백부장이 나아와 간구하여
6 이르되 주여 내 하인이 중풍병으로 집에 누워 몹시 괴로워하나이다

7 이르시되 내가 가서 고쳐 주리라
8 백부장이 대답하여 이르되 주여 내 집에 들어오심을 나는 감당하지 못하겠사오니 다만 말씀으로만 하옵소서 그러면 내 하인이 낫겠사옵나이다
9 나도 남의 수하에 있는 사람이요 내 아래에도 군사가 있으니 이더러 가라 하면 가고 저더러 오라 하면 오고 내 종더러 이것을 하라 하면 하나이다
10 예수께서 들으시고 놀랍게 여겨 따르는 자들에게 이르시되 내가 진실로 너희에게 이르노니 이스라엘 중 아무에게서도 이만한 믿음을 보지 못하였노라
13 예수께서 백부장에게 이르시되 가라 네 믿은 대로 될지어다 하시니 그 즉시 하인이 나으니라

마 8:14-17
14 예수께서 베드로의 집에 들어가사 그의 장모가 열병으로 앓아 누운 것을 보시고
15 그의 손을 만지시니 열병이 떠나가고 여인이 일어나서 예수께 수종들더라
16 저물매 사람들이 귀신 들린 자를 많이 데리고 예수께 오거늘 예수께서 말씀으로 귀신들을 쫓아 내시고 병든 자들을 다 고치시니
17 이는 선지자 이사야를 통하여 하신 말씀에 우리의 연약한 것을 친히 담당하시고 병을 짊어지셨도다 함을 이루려 하심이더라

마 9:20-22
20 열두 해 동안이나 혈루증으로 앓는 여자가 예수의 뒤로 와서 그 겉옷 가를 만지니
21 이는 제 마음에 그 겉옷만 만져도 구원을 받겠다 함이라
22 예수께서 돌이켜 그를 보시며 이르시되 딸아 안심하라 네 믿음이 너를 구원하였다 하시니 여자가 그 즉시 구원을 받으니라

마 9:27-36

27 예수께서 거기에서 떠나가실새 두 맹인이 따라오며 소리 질러 이르되 다윗의 자손이여 우리를 불쌍히 여기소서 하더니
28 예수께서 집에 들어가시매 맹인들이 그에게 나아오거늘 예수께서 이르시되 내가 능히 이 일 할 줄을 믿느냐 대답하되 주여 그러하오이다 하니
29 이에 예수께서 그들의 눈을 만지시며 이르시되 너희 믿음대로 되라 하시니
30 그 눈들이 밝아진지라 예수께서 엄히 경고하시되 삼가 아무에게도 알리지 말라 하셨으나
31 그들이 나가서 예수의 소문을 그 온 땅에 퍼뜨리니라
32 그들이 나갈 때에 귀신 들려 말 못하는 사람을 예수께 데려오니
33 귀신이 쫓겨나고 말 못하는 사람이 말하거늘 무리가 놀랍게 여겨 이르되 이스라엘 가운데서 이런 일을 본 적이 없다 하되
34 바리새인들은 이르되 그가 귀신의 왕을 의지하여 귀신을 쫓아낸다 하더라
35 예수께서 모든 도시와 마을에 두루 다니사 그들의 회당에서 가르치시며 천국 복음을 전파하시며 모든 병과 모든 약한 것을 고치시니라
36 무리를 보시고 불쌍히 여기시니 이는 그들이 목자 없는 양과 같이 고생하며 기진함이라

마 11:28-30

28 수고하고 무거운 짐 진 자들아 다 내게로 오라 내가 너희를 쉬게 하리라
29 나는 마음이 온유하고 겸손하니 나의 멍에를 메고 내게 배우라 그리하면 너희 마음이 쉼을 얻으리니
30 이는 내 멍에는 쉽고 내 짐은 가벼움이라 하시니라

마 12:15
예수께서 아시고 거기를 떠나가시니 많은 사람이 따르는지라 예수께서 그들의 병을 다 고치시고

마 14:13-14
13 예수께서 들으시고 배를 타고 떠나사 따로 빈 들에 가시니 무리가 듣고 여러 고을로부터 걸어서 따라간지라
14 예수께서 나오사 큰 무리를 보시고 불쌍히 여기사 그 중에 있는 병자를 고쳐 주시니라

마 14:34-36
34 그들이 건너가 게네사렛 땅에 이르니
35 그 곳 사람들이 예수이신 줄을 알고 그 근방에 두루 통지하여 모든 병든 자를 예수께 데리고 와서
36 다만 예수의 옷자락에라도 손을 대게 하시기를 간구하니 손을 대는 자는 다 나음을 얻으니라

마 15:29-31
29 예수께서 거기서 떠나사 갈릴리 호숫가에 이르러 산에 올라가 거기 앉으시니
30 큰 무리가 다리 저는 사람과 장애인과 맹인과 말 못하는 사람과 기타 여럿을 데리고 와서 예수의 발 앞에 앉히매 고쳐 주시니
31 말 못하는 사람이 말하고 장애인이 온전하게 되고 다리 저는 사람이 걸으며 맹인이 보는 것을 무리가 보고 놀랍게 여겨 이스라엘의 하나님께 영광을 돌리니라

막 5:1-43
1 예수께서 바다 건너편 거라사인의 지방에 이르러

2 배에서 나오시매 곧 더러운 귀신 들린 사람이 무덤 사이에서 나와 예수를 만나니라
3 그 사람은 무덤 사이에 거처하는데 이제는 아무도 그를 쇠사슬로도 맬 수 없게 되었으니
4 이는 여러 번 고랑과 쇠사슬에 매였어도 쇠사슬을 끊고 고랑을 깨뜨렸음이러라 그리하여 아무도 그를 제어할 힘이 없는지라
5 밤낮 무덤 사이에서나 산에서나 늘 소리 지르며 돌로 자기의 몸을 해치고 있었더라
6 그가 멀리서 예수를 보고 달려와 절하며
7 큰 소리로 부르짖어 이르되 지극히 높으신 하나님의 아들 예수여 나와 당신이 무슨 상관이 있나이까 원하건대 하나님 앞에 맹세하고 나를 괴롭히지 마옵소서 하니
8 이는 예수께서 이미 그에게 이르시기를 더러운 귀신아 그 사람에게서 나오라 하셨음이라
9 이에 물으시되 네 이름이 무엇이냐 이르되 내 이름은 군대니 우리가 많음이니이다 하고
10 자기를 그 지방에서 내보내지 마시기를 간구하더니
11 마침 거기 돼지의 큰 떼가 산 곁에서 먹고 있는지라
12 이에 간구하여 이르되 우리를 돼지에게로 보내어 들어가게 하소서 하니
13 허락하신대 더러운 귀신들이 나와서 돼지에게로 들어가매 거의 이천 마리 되는 떼가 바다를 향하여 비탈로 내리달아 바다에서 몰사하거늘
14 치던 자들이 도망하여 읍내와 여러 마을에 말하니 사람들이 어떻게 되었는지를 보러 와서
15 예수께 이르러 그 귀신 들렸던 자 곧 군대 귀신 지폈던 자가 옷을 입고 정신이 온전하여 앉은 것을 보고 두려워하더라
16 이에 귀신 들렸던 자가 당한 것과 돼지의 일을 본 자들이 그들에게 알리매

17 그들이 예수께 그 지방에서 떠나시기를 간구하더라

18 예수께서 배에 오르실 때에 귀신 들렸던 사람이 함께 있기를 간구하였으나

19 허락하지 아니하시고 그에게 이르시되 집으로 돌아가 주께서 네게 어떻게 큰 일을 행하사 너를 불쌍히 여기신 것을 네 가족에게 알리라 하시니

20 그가 가서 예수께서 자기에게 어떻게 큰 일 행하셨는지를 데가볼리에 전파하니 모든 사람이 놀랍게 여기더라

21 예수께서 배를 타시고 다시 맞은편으로 건너가시니 큰 무리가 그에게로 모이거늘 이에 바닷가에 계시더니

22 회당장 중의 하나인 야이로라 하는 이가 와서 예수를 보고 발 아래 엎드리어

23 간곡히 구하여 이르되 내 어린 딸이 죽게 되었사오니 오셔서 그 위에 손을 얹으사 그로 구원을 받아 살게 하소서 하거늘

24 이에 그와 함께 가실새 큰 무리가 따라가며 에워싸 밀더라

25 열두 해를 혈루증으로 앓아 온 한 여자가 있어

26 많은 의사에게 많은 괴로움을 받았고 가진 것도 다 허비하였으되 아무 효험이 없고 도리어 더 중하여졌던 차에

27 예수의 소문을 듣고 무리 가운데 끼어 뒤로 와서 그의 옷에 손을 대니

28 이는 내가 그의 옷에만 손을 대어도 구원을 받으리라 생각함일러라

29 이에 그의 혈루 근원이 곧 마르매 병이 나은 줄을 몸에 깨달으니라

30 예수께서 그 능력이 자기에게서 나간 줄을 곧 스스로 아시고 무리 가운데서 돌이켜 말씀하시되 누가 내 옷에 손을 대었느냐 하시니

31 제자들이 여짜오되 무리가 에워싸 미는 것을 보시며 누가 내게 손을 대었느냐 물으시나이까 하되

32 예수께서 이 일 행한 여자를 보려고 둘러 보시니

33 여자가 자기에게 이루어진 일을 알고 두려워하여 떨며 와서 그 앞에 엎드려 모든 사실을 여쭈니

34 예수께서 이르시되 딸아 네 믿음이 너를 구원하였으니 평안히 가라 네 병에서 놓여 건강할지어다

35 아직 예수께서 말씀하실 때에 회당장의 집에서 사람들이 와서 회당장에게 이르되 당신의 딸이 죽었나이다 어찌하여 선생을 더 괴롭게 하나이까

36 예수께서 그 하는 말을 곁에서 들으시고 회당장에게 이르시되 두려워하지 말고 믿기만 하라 하시고

37 베드로와 야고보와 야고보의 형제 요한 외에 아무도 따라옴을 허락하지 아니하시고

38 회당장의 집에 함께 가사 떠드는 것과 사람들이 울며 심히 통곡함을 보시고

39 들어가서 그들에게 이르시되 너희가 어찌하여 떠들며 우느냐 이 아이가 죽은 것이 아니라 잔다 하시니

40 그들이 비웃더라 예수께서 그들을 다 내보내신 후에 아이의 부모와 또 자기와 함께 한 자들을 데리시고 아이 있는 곳에 들어가사

41 그 아이의 손을 잡고 이르시되 달리다굼 하시니 번역하면 곧 내가 네게 말하노니 소녀야 일어나라 하심이라

42 소녀가 곧 일어나서 걸으니 나이가 열두 살이라 사람들이 곧 크게 놀라고 놀라거늘

43 예수께서 이 일을 아무도 알지 못하게 하라고 그들을 많이 경계하시고 이에 소녀에게 먹을 것을 주라 하시니라

막 6:53-56

53 건너가 게네사렛 땅에 이르러 대고

54 배에서 내리니 사람들이 곧 예수신 줄을 알고
55 그 온 지방으로 달려 돌아 다니며 예수께서 어디 계시다는 말을 듣는 대로 병든 자를 침상째로 메고 나아오니
56 아무 데나 예수께서 들어가시는 지방이나 도시나 마을에서 병자를 시장에 두고 예수께 그의 옷 가에라도 손을 대게 하시기를 간구하니 손을 대는 자는 다 성함을 얻으니라

막 7:25-37
25 이에 더러운 귀신 들린 어린 딸을 둔 한 여자가 예수의 소문을 듣고 곧 와서 그 발 아래에 엎드리니
26 그 여자는 헬라인이요 수로보니게 족속이라 자기 딸에게서 귀신 쫓아내 주시기를 간구하거늘
27 예수께서 이르시되 자녀로 먼저 배불리 먹게 할지니 자녀의 떡을 취하여 개들에게 던짐이 마땅치 아니하니라
28 여자가 대답하여 이르되 주여 옳소이다마는 상 아래 개들도 아이들이 먹던 부스러기를 먹나이다
29 예수께서 이르시되 이 말을 하였으니 돌아가라 귀신이 네 딸에게서 나갔느니라 하시매
30 여자가 집에 돌아가 본즉 아이가 침상에 누웠고 귀신이 나갔더라
31 예수께서 다시 두로 지방에서 나와 시돈을 지나고 데가볼리 지방을 통과하여 갈릴리 호수에 이르시매
32 사람들이 귀 먹고 말 더듬는 자를 데리고 예수께 나아와 안수하여 주시기를 간구하거늘
33 예수께서 그 사람을 따로 데리고 무리를 떠나사 손가락을 그의 양 귀에 넣고 침을 뱉어 그의 혀에 손을 대시며
34 하늘을 우러러 탄식하시며 그에게 이르시되 에바다 하시니 이는 열리라는 뜻이라

35 그의 귀가 열리고 혀가 맺힌 것이 곧 풀려 말이 분명하여졌더라
36 예수께서 그들에게 경고하사 아무에게도 이르지 말라 하시되 경고하실수록 그들이 더욱 널리 전파하니
37 사람들이 심히 놀라 이르되 그가 모든 것을 잘하였도다 못 듣는 사람도 듣게 하고 말 못하는 사람도 말하게 한다 하니라

막 9:17-29
17 무리 중의 하나가 대답하되 선생님 말 못하게 귀신 들린 내 아들을 선생님께 데려왔나이다
18 귀신이 어디서든지 그를 잡으면 거꾸러져 거품을 흘리며 이를 갈며 그리고 파리해지는지라 내가 선생님의 제자들에게 내쫓아 달라 하였으나 그들이 능히 하지 못하더이다
19 대답하여 이르시되 믿음이 없는 세대여 내가 얼마나 너희와 함께 있으며 얼마나 너희에게 참으리요 그를 내게로 데려오라 하시매
20 이에 데리고 오니 귀신이 예수를 보고 곧 그 아이로 심히 경련을 일으키게 하는지라 그가 땅에 엎드러져 구르며 거품을 흘리더라
21 예수께서 그 아버지에게 물으시되 언제부터 이렇게 되었느냐 하시니 이르되 어릴 때부터니이다
22 귀신이 그를 죽이려고 불과 물에 자주 던졌나이다 그러나 무엇을 하실 수 있거든 우리를 불쌍히 여기사 도와 주옵소서
23 예수께서 이르시되 할 수 있거든이 무슨 말이냐 믿는 자에게는 능히 하지 못할 일이 없느니라 하시니
24 곧 그 아이의 아버지가 소리를 질러 이르되 내가 믿나이다 나의 믿음 없는 것을 도와 주소서 하더라
25 예수께서 무리가 달려와 모이는 것을 보시고 그 더러운 귀신을 꾸짖어 이르시되 말 못하고 못 듣는 귀신아 내가 네게 명하노니 그 아이에게서 나오고 다시 들어가지 말라 하시매

26 귀신이 소리 지르며 아이로 심히 경련을 일으키게 하고 나가니 그 아이가 죽은 것 같이 되어 많은 사람이 말하기를 죽었다 하나
27 예수께서 그 손을 잡아 일으키시니 이에 일어서니라
28 집에 들어가시매 제자들이 조용히 묻자오되 우리는 어찌하여 능히 그 귀신을 쫓아내지 못하였나이까
29 이르시되 기도 외에 다른 것으로는 이런 종류가 나갈 수 없느니라 하시니라

눅 4:16-21
16 예수께서 그 자라나신 곳 나사렛에 이르사 안식일에 늘 하시던 대로 회당에 들어가사 성경을 읽으려고 서시매
17 선지자 이사야의 글을 드리거늘 책을 펴서 이렇게 기록된 데를 찾으시니 곧
18 의 성령이 내게 임하셨으니 이는 가난한 자에게 복음을 전하게 하시려고 내게 기름을 부으시고 나를 보내사 포로 된 자에게 자유를, 눈 먼 자에게 다시 보게 함을 전파하며 눌린 자를 자유롭게 하고
19 주의 은혜의 해를 전파하게 하려 하심이라 하였더라
20 책을 덮어 그 맡은 자에게 주시고 앉으시니 회당에 있는 자들이 다 주목하여 보더라
21 이에 예수께서 그들에게 말씀하시되 이 글이 오늘 너희 귀에 응하였느니라 하시니

눅 4:33-36,40-41
33 회당에 더러운 귀신 들린 사람이 있어 크게 소리 질러 이르되
34 아 나사렛 예수여 우리가 당신과 무슨 상관이 있나이까 우리를 멸하러 왔나이까 나는 당신이 누구인 줄 아노니 하나님의 거룩한 자니이다

35 예수께서 꾸짖어 이르시되 잠잠하고 그 사람에게서 나오라 하시니 귀신이 그 사람을 무리 중에 넘어뜨리고 나오되 그 사람은 상하지 아니한지라
36 다 놀라 서로 말하여 이르되 이 어떠한 말씀인고 권위와 능력으로 더러운 귀신을 명하매 나가는도다 하더라
40 해 질 무렵에 사람들이 온갖 병자들을 데리고 나아오매 예수께서 일일이 그 위에 손을 얹으사 고치시니
41 여러 사람에게서 귀신들이 나가며 소리 질러 이르되 당신은 하나님의 아들이니이다 예수께서 꾸짖으사 그들이 말함을 허락하지 아니하시니 이는 자기를 그리스도인 줄 앎이러라

눅 6:6-10
6 또 다른 안식일에 예수께서 회당에 들어가사 가르치실새 거기 오른손 마른 사람이 있는지라
7 서기관과 바리새인들이 예수를 고발할 증거를 찾으려 하여 안식일에 병을 고치시는가 엿보니
8 예수께서 그들의 생각을 아시고 손 마른 사람에게 이르시되 일어나 한가운데 서라 하시니 그가 일어나 서거늘
9 예수께서 그들에게 이르시되 내가 너희에게 묻노니 안식일에 선을 행하는 것과 악을 행하는 것, 생명을 구하는 것과 죽이는 것, 어느 것이 옳으냐 하시며
10 무리를 둘러보시고 그 사람에게 이르시되 네 손을 내밀라 하시니 그가 그리하매 그 손이 회복된지라

눅 6:17-19
17 예수께서 그들과 함께 내려오사 평지에 서시니 그 제자의 많은 무리와 예수의 말씀도 듣고 병 고침을 받으려고 유대 사방과 예루살렘과 두로와 시돈의 해안으로부터 온 많은 백성도 있더라
(사본에 따라 이 구절은 18절 상반절에 나타날 수도 있음.)

18 더러운 귀신에게 고난 받는 자들도 고침을 받은지라
19 온 무리가 예수를 만지려고 힘쓰니 이는 능력이 예수께로부터 나와서 모든 사람을 낫게 함이러라

눅 13:11-17
11 열여덟 해 동안이나 귀신 들려 앓으며 꼬부라져 조금도 펴지 못하는 한 여자가 있더라
12 예수께서 보시고 불러 이르시되 여자여 네가 네 병에서 놓였다 하시고
13 안수하시니 여자가 곧 펴고 하나님께 영광을 돌리는지라
14 회당장이 예수께서 안식일에 병 고치시는 것을 분 내어 무리에게 이르되 일할 날이 엿새가 있으니 그 동안에 와서 고침을 받을 것이요 안식일에는 하지 말 것이니라 하거늘
15 주께서 대답하여 이르시되 외식하는 자들아 너희가 각각 안식일에 자기의 소나 나귀를 외양간에서 풀어내어 이끌고 가서 물을 먹이지 아니하느냐
16 그러면 열여덟 해 동안 사탄에게 매인 바 된 이 아브라함의 딸을 안식일에 이 매임에서 푸는 것이 합당하지 아니하냐
17 예수께서 이 말씀을 하시매 모든 반대하는 자들은 부끄러워하고 온 무리는 그가 하시는 모든 영광스러운 일을 기뻐하니라

요 5:2-14
2 예루살렘에 있는 양문 곁에 히브리 말로 베데스다라 하는 못이 있는데 거기 행각 다섯이 있고
3 그 안에 많은 병자, 맹인, 다리 저는 사람, 혈기 마른 사람들이 누워 물의 움직임을 기다리니
4 이는 천사가 가끔 못에 내려와 물을 움직이게 하는데 움직인 후에 먼저 들어가는 자는 어떤 병에 걸렸든지 낫게 됨이러라

5 거기 서른여덟 해 된 병자가 있더라
6 예수께서 그 누운 것을 보시고 병이 벌써 오래된 줄 아시고 이르시되 네가 낫고자 하느냐
7 병자가 대답하되 주여 물이 움직일 때에 나를 못에 넣어 주는 사람이 없어 내가 가는 동안에 다른 사람이 먼저 내려가나이다
8 예수께서 이르시되 일어나 네 자리를 들고 걸어가라 하시니
9 그 사람이 곧 나아서 자리를 들고 걸어가니라
이 날은 안식일이니
10 유대인들이 병 나은 사람에게 이르되 안식일인데 네가 자리를 들고 가는 것이 옳지 아니하니라
11 대답하되 나를 낫게 한 그가 자리를 들고 걸어가라 하더라 하니
12 그들이 묻되 너에게 자리를 들고 걸어가라 한 사람이 누구냐 하되
13 고침을 받은 사람은 그가 누구인지 알지 못하니 이는 거기 사람이 많으므로 예수께서 이미 피하셨음이라
14 그 후에 예수께서 성전에서 그 사람을 만나 이르시되 보라 네가 나았으니 더 심한 것이 생기지 않게 다시는 죄를 범하지 말라 하시니

요 9:1-7
1 예수께서 길을 가실 때에 날 때부터 맹인 된 사람을 보신지라
2 제자들이 물어 이르되 랍비여 이 사람이 맹인으로 난 것이 누구의 죄로 인함이니이까 자기니이까 그의 부모니이까
3 예수께서 대답하시되 이 사람이나 그 부모의 죄로 인한 것이 아니라 그에게서 하나님이 하시는 일을 나타내고자 하심이라
4 때가 아직 낮이매 나를 보내신 이의 일을 우리가 하여야 하리라 밤이 오리니 그 때는 아무도 일할 수 없느니라
5 내가 세상에 있는 동안에는 세상의 빛이로라

6 이 말씀을 하시고 땅에 침을 뱉어 진흙을 이겨 그의 눈에 바르시고
7 이르시되 실로암 못에 가서 씻으라 하시니 (실로암은 번역하면 보냄을 받았다는 뜻이라) 이에 가서 씻고 밝은 눈으로 왔더라

요 10:10
도둑이 오는 것은 도둑질하고 죽이고 멸망시키려는 것뿐이요 내가 온 것은 양으로 생명을 얻게 하고 더 풍성히 얻게 하려는 것이라

행 10:38
하나님이 나사렛 예수에게 성령과 능력을 기름 붓듯 하셨으매 그가 두루 다니시며 선한 일을 행하시고 마귀에게 눌린 모든 사람을 고치셨으니 이는 하나님이 함께 하셨음이라

히 13:8
예수 그리스도는 어제나 오늘이나 영원토록 동일하시니라

요일 3:8
죄를 짓는 자는 마귀에게 속하나니 마귀는 처음부터 범죄함이라 하나님의 아들이 나타나신 것은 마귀의 일을 멸하려 하심이라

마 10:1
예수께서 그의 열두 제자를 부르사 더러운 귀신을 쫓아내며 모든 병과 모든 약한 것을 고치는 권능을 주시니라

막 16:15-20
15 또 이르시되 너희는 온 천하에 다니며 만민에게 복음을 전파하라

16 믿고 세례를 받는 사람은 구원을 얻을 것이요 믿지 않는 사람은 정죄를 받으리라
17 믿는 자들에게는 이런 표적이 따르리니 곧 그들이 내 이름으로 귀신을 쫓아내며 새 방언을 말하며
18 뱀을 집어올리며 무슨 독을 마실지라도 해를 받지 아니하며 병든 사람에게 손을 얹은즉 나으리라 하시더라
19 주 예수께서 말씀을 마치신 후에 하늘로 올려지사 하나님 우편에 앉으시니라
20 제자들이 나가 두루 전파할새 주께서 함께 역사하사 그 따르는 표적으로 말씀을 확실히 증언하시니라

제 3 장
치유는 "더 큰 일" 중의 하나입니다
(Healing Is One of the 'Greater Works')

요 14:12-15
12 내가 진실로 진실로 너희에게 이르노니 나를 믿는 자는 내가 하는 일을 그도 할 것이요 또한 그보다 큰 일도 하리니 이는 내가 아버지께로 감이라
13 너희가 내 이름으로 무엇을 구하든지 내가 행하리니 이는 아버지로 하여금 아들로 말미암아 영광을 받으시게 하려 함이라
14 내 이름으로 무엇이든지 내게 구하면 내가 행하리라
15 너희가 나를 사랑하면 나의 계명을 지키리라

행 6:8
스데반이 은혜와 권능이 충만하여 큰 기사와 표적을 민간에 행하니

행 8:6-7
6 무리가 빌립의 말도 듣고 행하는 표적도 보고 한마음으로 그가 하는 말을 따르더라
7 많은 사람에게 붙었던 더러운 귀신들이 크게 소리를 지르며 나가고 또 많은 중풍병자와 못 걷는 사람이 나으니

행 9:33-34
33 거기서 애니아라 하는 사람을 만나매 그는 중풍병으로 침상 위에 누운 지 여덟 해라
34 베드로가 이르되 애니아야 예수 그리스도께서 너를 낫게 하시니 일어나 네 자리를 정돈하라 한대 곧 일어나니

행 14:8-10
8 루스드라에 발을 쓰지 못하는 한 사람이 앉아 있는데 나면서 걷지 못하게 되어 걸어 본 적이 없는 자라
9 바울이 말하는 것을 듣거늘 바울이 주목하여 구원 받을 만한 믿음이 그에게 있는 것을 보고
10 큰 소리로 이르되 네 발로 바로 일어서라 하니 그 사람이 일어나 걷는지라

행 19:11-12
11 하나님이 바울의 손으로 놀라운 능력을 행하게 하시니
12 심지어 사람들이 바울의 몸에서 손수건이나 앞치마를 가져다가 병든 사람에게 얹으면 그 병이 떠나고 악귀도 나가더라

약 5:14-16
14 너희 중에 병든 자가 있느냐 그는 교회의 장로들을 청할 것이요 그들은 주의 이름으로 기름을 바르며 그를 위하여 기도할지니라
15 믿음의 기도는 병든 자를 구원하리니 주께서 그를 일으키시리라 혹시 죄를 범하였을지라도 사하심을 받으리라
16 그러므로 너희 죄를 서로 고백하며 병이 낫기를 위하여 서로 기도하라 의인의 간구는 역사하는 힘이 크니라

그리스도 안에서 당신에게 속한
병고침을 믿고 받아들이십시오

말 4:2
내 이름을 경외하는 너희에게는 공의로운 해가 떠올라서 치료하는 광선을 비추리니 너희가 나가서 외양간에서 나온 송아지 같이 뛰리라

히 1:1-4
1 옛적에 선지자들을 통하여 여러 부분과 여러 모양으로 우리 조상들에게 말씀하신 하나님이
2 이 모든 날 마지막에는 아들을 통하여 우리에게 말씀하셨으니 이 아들을 만유의 상속자로 세우시고 또 그로 말미암아 모든 세계를 지으셨느니라
3 이는 하나님의 영광의 광채시요 그 본체의 형상이시라 그의 능력의 말씀으로 만물을 붙드시며 죄를 정결하게 하는 일을 하시고 높은 곳에 계신 지극히 크신 이의 우편에 앉으셨느니라
4 그가 천사보다 훨씬 뛰어남은 그들보다 더욱 아름다운 이름을 기업으로 얻으심이니

빌 2:8-11
8 사람의 모양으로 나타나사 자기를 낮추시고 죽기까지 복종하셨으니 곧 십자가에 죽으심이라
9 이러므로 하나님이 그를 지극히 높여 모든 이름 위에 뛰어난 이름을 주사
10 하늘에 있는 자들과 땅에 있는 자들과 땅 아래에 있는 자들로 모든 무릎을 예수의 이름에 꿇게 하시고
11 모든 입으로 예수 그리스도를 주라 시인하여 하나님 아버지께 영광을 돌리게 하셨느니라

엡 1:16-23
16 내가 기도할 때에 기억하며 너희로 말미암아 감사하기를 그치지 아니하고
17 우리 주 예수 그리스도의 하나님, 영광의 아버지께서 지혜와 계시의 영을 너희에게 주사 하나님을 알게 하시고
18 너희 마음의 눈을 밝히사 그의 부르심의 소망이 무엇이며 성도 안에서 그 기업의 영광의 풍성함이 무엇이며
19 그의 힘의 위력으로 역사하심을 따라 믿는 우리에게 베푸신 능력의 지극히 크심이 어떠한 것을 너희로 알게 하시기를 구하노라
20 그의 능력이 그리스도 안에서 역사하사 죽은 자들 가운데서 다시 살리시고 하늘에서 자기의 오른편에 앉히사
21 모든 통치와 권세와 능력과 주권과 이 세상뿐 아니라 오는 세상에 일컫는 모든 이름 위에 뛰어나게 하시고
22 또 만물을 그의 발 아래에 복종하게 하시고 그를 만물 위에 교회의 머리로 삼으셨느니라
23 교회는 그의 몸이니 만물 안에서 만물을 충만하게 하시는 이의 충만함이니라

요 16:23-24
23 그 날에는 너희가 아무 것도 내게 묻지 아니하리라 내가 진실로 진실로 너희에게 이르노니 너희가 무엇이든지 아버지께 구하는 것을 내 이름으로 주시리라
24 지금까지는 너희가 내 이름으로 아무 것도 구하지 아니하였으나 구하라 그리하면 받으리니 너희 기쁨이 충만하리라
막 16:15-18
15 또 이르시되 너희는 온 천하에 다니며 만민에게 복음을 전파하라

16 믿고 세례를 받는 사람은 구원을 얻을 것이요 믿지 않는 사람은 정죄를 받으리라
17 믿는 자들에게는 이런 표적이 따르리니 곧 그들이 내 이름으로 귀신을 쫓아내며 새 방언을 말하며
18 뱀을 집어올리며 무슨 독을 마실지라도 해를 받지 아니하며 병든 사람에게 손을 얹은즉 나으리라 하시더라

요 14:13-14
13 너희가 내 이름으로 무엇을 구하든지 내가 행하리니 이는 아버지로 하여금 아들로 말미암아 영광을 받으시게 하려 함이라
14 내 이름으로 무엇이든지 내게 구하면 내가 행하리라

행 3:1-16
1 제 구 시 기도 시간에 베드로와 요한이 성전에 올라갈새
2 나면서 못 걷게 된 이를 사람들이 메고 오니 이는 성전에 들어가는 사람들에게 구걸하기 위하여 날마다 미문이라는 성전 문에 두는 자라
3 그가 베드로와 요한이 성전에 들어가려 함을 보고 구걸하거늘
4 베드로가 요한과 더불어 주목하여 이르되 우리를 보라 하니
5 그가 그들에게서 무엇을 얻을까 하여 바라보거늘
6 베드로가 이르되 은과 금은 내게 없거니와 내게 있는 이것을 네게 주노니 나사렛 예수 그리스도의 이름으로 일어나 걸으라 하고
7 오른손을 잡아 일으키니 발과 발목이 곧 힘을 얻고
8 뛰어 서서 걸으며 그들과 함께 성전으로 들어가면서 걷기도 하고 뛰기도 하며 하나님을 찬송하니
9 모든 백성이 그 걷는 것과 하나님을 찬송함을 보고
10 그가 본래 성전 미문에 앉아 구걸하던 사람인 줄 알고 그에게 일어난 일로 인하여 심히 놀랍게 여기며 놀라니라

11 나은 사람이 베드로와 요한을 붙잡으니 모든 백성이 크게 놀라며 달려 나아가 솔로몬의 행각이라 불리우는 행각에 모이거늘
12 베드로가 이것을 보고 백성에게 말하되 이스라엘 사람들아 이 일을 왜 놀랍게 여기느냐 우리 개인의 권능과 경건으로 이 사람을 걷게 한 것처럼 왜 우리를 주목하느냐
13 아브라함과 이삭과 야곱의 하나님 곧 우리 조상의 하나님이 그의 종 예수를 영화롭게 하셨느니라 너희가 그를 넘겨 주고 빌라도가 놓아 주기로 결의한 것을 너희가 그 앞에서 거부하였으니
14 너희가 거룩하고 의로운 이를 거부하고 도리어 살인한 사람을 놓아 주기를 구하여
15 생명의 주를 죽였도다 그러나 하나님이 죽은 자 가운데서 그를 살리셨으니 우리가 이 일에 증인이라
16 그 이름을 믿으므로 그 이름이 너희가 보고 아는 이 사람을 성하게 하였나니 예수로 말미암아 난 믿음이 너희 모든 사람 앞에서 이같이 완전히 낫게 하였느니라

행 4:1-18, 23-24, 29-30
1 사도들이 백성에게 말할 때에 제사장들과 성전 맡은 자와 사두개인들이 이르러
2 예수 안에 죽은 자의 부활이 있다고 백성을 가르치고 전함을 싫어하여
3 그들을 잡으매 날이 이미 저물었으므로 이튿날까지 가두었으나
4 말씀을 들은 사람 중에 믿는 자가 많으니 남자의 수가 약 오천이나 되었더라
5 이튿날 관리들과 장로들과 서기관들이 예루살렘에 모였는데
6 대제사장 안나스와 가야바와 요한과 알렉산더와 및 대제사장의 문중이 다 참여하여
7 사도들을 가운데 세우고 묻되 너희가 무슨 권세와 누구의 이름으로 이 일을 행하였느냐

8 이에 베드로가 성령이 충만하여 이르되 백성의 관리들과 장로들아

9 만일 병자에게 행한 착한 일에 대하여 이 사람이 어떻게 구원을 받았느냐고 오늘 우리에게 질문한다면

10 너희와 모든 이스라엘 백성들은 알라 너희가 십자가에 못 박고 하나님이 죽은 자 가운데서 살리신 나사렛 예수 그리스도의 이름으로 이 사람이 건강하게 되어 너희 앞에 섰느니라

11 이 예수는 너희 건축자들의 버린 돌로서 집 모퉁이의 머릿돌이 되었느니라

12 다른 이로써는 구원을 받을 수 없나니 천하 사람 중에 구원을 받을 만한 다른 이름을 우리에게 주신 일이 없음이라 하였더라

13 그들이 베드로와 요한이 담대하게 말함을 보고 그들을 본래 학문 없는 범인으로 알았다가 이상히 여기며 또 전에 예수와 함께 있던 줄도 알고

14 또 병 나은 사람이 그들과 함께 서 있는 것을 보고 비난할 말이 없는지라

15 명하여 공회에서 나가라 하고 서로 의논하여 이르되

16 이 사람들을 어떻게 할까 그들로 말미암아 유명한 표적 나타난 것이 예루살렘에 사는 모든 사람에게 알려졌으니 우리도 부인할 수 없는지라

17 이것이 민간에 더 퍼지지 못하게 그들을 위협하여 이 후에는 이 이름으로 아무에게도 말하지 말게 하자 하고

18 그들을 불러 경고하여 도무지 예수의 이름으로 말하지도 말고 가르치지도 말라 하니

23 사도들이 놓이매 그 동료에게 가서 제사장들과 장로들의 말을 다 알리니

24 그들이 듣고 한마음으로 하나님께 소리를 높여 이르되 대주재여 천지와 바다와 그 가운데 만물을 지은 이시요

29 주여 이제도 그들의 위협함을 굽어보시옵고 또 종들로 하여금 담대히 하나님의 말씀을 전하게 하여 주시오며
30 손을 내밀어 병을 낫게 하시옵고 표적과 기사가 거룩한 종 예수의 이름으로 이루어지게 하옵소서 하더라

믿음으로 병고침을 받아들이십시오

마 18:19
진실로 다시 너희에게 이르노니 너희 중의 두 사람이 땅에서 합심하여 무엇이든지 구하면 하늘에 계신 내 아버지께서 그들을 위하여 이루게 하시리라

막 11:22-26
22 예수께서 그들에게 대답하여 이르시되 하나님을 믿으라
23 내가 진실로 너희에게 이르노니 누구든지 이 산더러 들리어 바다에 던져지라 하며 그 말하는 것이 이루어질 줄 믿고 마음에 의심하지 아니하면 그대로 되리라
24 그러므로 내가 너희에게 말하노니 무엇이든지 기도하고 구하는 것은 받은 줄로 믿으라 그리하면 너희에게 그대로 되리라
25 서서 기도할 때에 아무에게나 혐의가 있거든 용서하라 그리하여야 하늘에 계신 너희 아버지께서도 너희 허물을 사하여 주시리라 하시니라
26 '만일 너희가 용서하지 아니하면 하늘에 계신 너희 아버지도 너희 허물을 사하지 아니하시리라'

롬 4:17, 19-21
17 기록된 바 내가 너를 많은 민족의 조상으로 세웠다 하심과 같으니 그가 믿은 바 하나님은 죽은 자를 살리시며 없는 것을 있는 것으로 부르시는 이시니라

19 그가 백 세나 되어 자기 몸이 죽은 것 같고 사라의 태가 죽은 것 같음을 알고도 믿음이 약하여지지 아니하고
20 믿음이 없어 하나님의 약속을 의심하지 않고 믿음으로 견고하여져서 하나님께 영광을 돌리며
21 약속하신 그것을 또한 능히 이루실 줄을 확신하였으니

롬 10:17
그러므로 믿음은 들음에서 나며 들음은 그리스도의 말씀으로 말미암았느니라

딤전 6:12
믿음의 선한 싸움을 싸우라 영생을 취하라 이를 위하여 네가 부르심을 받았고 많은 증인 앞에서 선한 증언을 하였도다

히 11:1
믿음은 바라는 것들의 실상이요 보이지 않는 것들의 증거니

히 11:6
믿음이 없이는 하나님을 기쁘시게 하지 못하나니 하나님께 나아가는 자는 반드시 그가 계신 것과 또한 그가 자기를 찾는 자들에게 상 주시는 이심을 믿어야 할지니라

요일 5:4-5
4 무릇 하나님께로부터 난 자마다 세상을 이기느니라 세상을 이기는 승리는 이것이니 우리의 믿음이니라
5 예수께서 하나님의 아들이심을 믿는 자가 아니면 세상을 이기는 자가 누구냐

하나님은 우리의 육체가 건강한 것을 원하십시다!

고전 3:16
너희는 너희가 하나님의 성전인 것과 하나님의 성령이 너희 안에 계시는 것을 알지 못하느냐

롬 8:2
이는 그리스도 예수 안에 있는 생명의 성령의 법이 죄와 사망의 법에서 너를 해방하였음이라

요일 4:4
자녀들아 너희는 하나님께 속하였고 또 그들을 이기었나니 이는 너희 안에 계신 이가 세상에 있는 자보다 크심이라

롬 8:11
예수를 죽은 자 가운데서 살리신 이의 영이 너희 안에 거하시면 그리스도 예수를 죽은 자 가운데서 살리신 이가 너희 안에 거하시는 그의 영으로 말미암아 너희 죽을 몸도 살리시리라

빌 2:13
너희 안에서 행하시는 이는 하나님이시니 자기의 기쁘신 뜻을 위하여 너희에게 소원을 두고 행하게 하시나니

약 4:7
그런즉 너희는 하나님께 복종할지어다 마귀를 대적하라 그리하면 너희를 피하리라

딤후 1:7
하나님이 우리에게 주신 것은 두려워하는 마음이 아니요 오직 능력과 사랑과 절제하는 마음이니

히 2:14-15
14 자녀들은 혈과 육에 속하였으매 그도 또한 같은 모양으로 혈과 육을 함께 지니심은 죽음을 통하여 죽음의 세력을 잡은 자 곧 마귀를 멸하시며
15 또 죽기를 무서워하므로 한평생 매여 종 노릇 하는 모든 자들을 놓아 주려 하심이니

롬 6:14
죄가 너희를 주장하지 못하리니 이는 너희가 법 아래에 있지 아니하고 은혜 아래에 있음이라

하나님의 말씀은 변하지 않습니다

마 4:4
예수께서 대답하여 이르시되 기록되었으되 사람이 떡으로만 살 것이 아니요 하나님의 입으로부터 나오는 모든 말씀으로 살 것이라 하였느니라 하시니

마 8:16
저물매 사람들이 귀신 들린 자를 많이 데리고 예수께 오거늘 예수께서 말씀으로 귀신들을 쫓아 내시고 병든 자들을 다 고치시니

요 1:1,14
1 태초에 말씀이 계시니라 이 말씀이 하나님과 함께 계셨으니 이 말씀은 곧 하나님이시니라
14 말씀이 육신이 되어 우리 가운데 거하시매 우리가 그의 영광을 보니 아버지의 독생자의 영광이요 은혜와 진리가 충만하더라

요 15:7
너희가 내 안에 거하고 내 말이 너희 안에 거하면 무엇이든지 원하는 대로 구하라 그리하면 이루리라

시 107:20
그가 그의 말씀을 보내어 그들을 고치시고 위험한 지경에서 건지시는도다

사 55:11
내 입에서 나가는 말도 이와 같이 헛되이 내게로 되돌아오지 아니하고 나의 기뻐하는 뜻을 이루며 내가 보낸 일에 형통함이니라

고백이 당신의 믿음을 활성화합니다

히 4:14-16
14 그러므로 우리에게 큰 대제사장이 계시니 승천하신 이 곧 하나님의 아들 예수시라 우리가 믿는 도리를 굳게 잡을지어다
15 우리에게 있는 대제사장은 우리의 연약함을 동정하지 못하실 이가 아니요 모든 일에 우리와 똑같이 시험을 받으신 이로되 죄는 없으시니라
16 그러므로 우리는 긍휼하심을 받고 때를 따라 돕는 은혜를 얻기 위하여 은혜의 보좌 앞에 담대히 나아갈 것이니라

히 10:23
또 약속하신 이는 미쁘시니 우리가 믿는 도리의 소망을 움직이지 말며 굳게 잡고

히 10:35-36
35 그러므로 너희 담대함을 버리지 말라 이것이 큰 상을 얻게 하느니라
36 너희에게 인내가 필요함은 너희가 하나님의 뜻을 행한 후에 약속하신 것을 받기 위함이라

몬 1:6
이로써 네 믿음의 교제가 우리 가운데 있는 선을 알게 하고 그리스도께 이르도록 역사하느니라

계 12:11
또 우리 형제들이 어린 양의 피와 자기들이 증언하는 말씀으로써 그를 이겼으니 그들은 죽기까지 자기들의 생명을 아끼지 아니하였도다

욜 3:10
너희는 보습을 쳐서 칼을 만들지어다 낫을 쳐서 창을 만들지어다 약한 자도 이르기를 나는 강하다 할지어다

제 4 장

율법의 축복

(The Blessings of the Law)

신 28:1-14
1 네가 네 하나님 여호와의 말씀을 삼가 듣고 내가 오늘 네게 명령하는 그의 모든 명령을 지켜 행하면 네 하나님 여호와께서 너를 세계 모든 민족 위에 뛰어나게 하실 것이라
2 네가 네 하나님 여호와의 말씀을 청종하면 이 모든 복이 네게 임하며 네게 이르리니
3 성읍에서도 복을 받고 들에서도 복을 받을 것이며
4 네 몸의 자녀와 네 토지의 소산과 네 짐승의 새끼와 소와 양의 새끼가 복을 받을 것이며
5 네 광주리와 떡 반죽 그릇이 복을 받을 것이며
6 네가 들어와도 복을 받고 나가도 복을 받을 것이니라
7 여호와께서 너를 대적하기 위해 일어난 적군들을 네 앞에서 패하게 하시리라 그들이 한 길로 너를 치러 들어왔으나 네 앞에서 일곱 길로 도망하리라
8 여호와께서 명령하사 네 창고와 네 손으로 하는 모든 일에 복을 내리시고 네 하나님 여호와께서 네게 주시는 땅에서 네게 복을 주실 것이며
9 여호와께서 네게 맹세하신 대로 너를 세워 자기의 성민이 되게

하시리니 이는 네가 네 하나님 여호와의 명령을 지켜 그 길로 행할 것임이니라

10 땅의 모든 백성이 여호와의 이름이 너를 위하여 불리는 것을 보고 너를 두려워하리라

11 여호와께서 네게 주리라고 네 조상들에게 맹세하신 땅에서 네게 복을 주사 네 몸의 소생과 가축의 새끼와 토지의 소산을 많게 하시며

12 여호와께서 너를 위하여 하늘의 아름다운 보고를 여시사 네 땅에 때를 따라 비를 내리시고 네 손으로 하는 모든 일에 복을 주시리니 네가 많은 민족에게 꾸어줄지라도 너는 꾸지 아니할 것이요

13 여호와께서 너를 머리가 되고 꼬리가 되지 않게 하시며 위에만 있고 아래에 있지 않게 하시리니 오직 너는 내가 오늘 네게 명령하는 네 하나님 여호와의 명령을 듣고 지켜 행하며

14 내가 오늘 너희에게 명령하는 그 말씀을 떠나 좌로나 우로나 치우치지 아니하고 다른 신을 따라 섬기지 아니하면 이와 같으리라

율법의 저주

신 28:15-68

15 네가 만일 네 하나님 여호와의 말씀을 순종하지 아니하여 내가 오늘 네게 명령하는 그의 모든 명령과 규례를 지켜 행하지 아니하면 이 모든 저주가 네게 임하며 네게 이를 것이니

16 네가 성읍에서도 저주를 받으며 들에서도 저주를 받을 것이요

17 또 네 광주리와 떡 반죽 그릇이 저주를 받을 것이요

18 네 몸의 소생과 네 토지의 소산과 네 소와 양의 새끼가 저주를 받을 것이며

19 네가 들어와도 저주를 받고 나가도 저주를 받으리라
20 네가 악을 행하여 그를 잊으므로 네 손으로 하는 모든 일에 여호와께서 저주와 혼란과 책망을 내리사 망하며 속히 파멸하게 하실 것이며
21 여호와께서 네 몸에 염병이 들게 하사 네가 들어가 차지할 땅에서 마침내 너를 멸하실 것이며
22 여호와께서 폐병과 열병과 염증과 학질과 한재와 풍재와 썩는 재앙으로 너를 치시리니 이 재앙들이 너를 따라서 너를 진멸하게 할 것이라
23 네 머리 위의 하늘은 놋이 되고 네 아래의 땅은 철이 될 것이며
24 여호와께서 비 대신에 티끌과 모래를 네 땅에 내리시리니 그것들이 하늘에서 네 위에 내려 마침내 너를 멸하리라
25 여호와께서 네 적군 앞에서 너를 패하게 하시리니 네가 그들을 치러 한 길로 나가서 그들 앞에서 일곱 길로 도망할 것이며 네가 또 땅의 모든 나라 중에 흩어지고
26 네 시체가 공중의 모든 새와 땅의 짐승들의 밥이 될 것이나 그것들을 쫓아줄 자가 없을 것이며
27 여호와께서 애굽의 종기와 치질과 괴혈병과 피부병으로 너를 치시리니 네가 치유 받지 못할 것이며
28 여호와께서 또 너를 미치는 것과 눈 머는 것과 정신병으로 치시리니
29 맹인이 어두운 데에서 더듬는 것과 같이 네가 백주에도 더듬고 네 길이 형통하지 못하여 항상 압제와 노략을 당할 뿐이리니 너를 구원할 자가 없을 것이며
30 네가 여자와 약혼하였으나 다른 사람이 그 여자와 같이 동침할 것이요 집을 건축하였으나 거기에 거주하지 못할 것이요 포도원을 심었으나 네가 그 열매를 따지 못할 것이며

31 네 소를 네 목전에서 잡았으나 네가 먹지 못할 것이며 네 나귀를 네 목전에서 빼앗겨도 도로 찾지 못할 것이며 네 양을 원수에게 빼앗길 것이나 너를 도와 줄 자가 없을 것이며
32 네 자녀를 다른 민족에게 빼앗기고 종일 생각하고 찾음으로 눈이 피곤하여지나 네 손에 힘이 없을 것이며
33 네 토지 소산과 네 수고로 얻은 것을 네가 알지 못하는 민족이 먹겠고 너는 항상 압제와 학대를 받을 뿐이리니
34 이러므로 네 눈에 보이는 일로 말미암아 네가 미치리라
35 여호와께서 네 무릎과 다리를 쳐서 고치지 못할 심한 종기를 생기게 하여 발바닥에서부터 정수리까지 이르게 하시리라
36 여호와께서 너와 네가 세울 네 임금을 너와 네 조상들이 알지 못하던 나라로 끌어 가시리니 네가 거기서 목석으로 만든 다른 신들을 섬길 것이며
37 여호와께서 너를 끌어 가시는 모든 민족 중에서 네가 놀람과 속담과 비방거리가 될 것이라
38 네가 많은 종자를 들에 뿌릴지라도 메뚜기가 먹으므로 거둘 것이 적을 것이며
39 네가 포도원을 심고 가꿀지라도 벌레가 먹으므로 포도를 따지 못하고 포도주를 마시지 못할 것이며
40 네 모든 경내에 감람나무가 있을지라도 그 열매가 떨어지므로 그 기름을 네 몸에 바르지 못할 것이며
41 네가 자녀를 낳을지라도 그들이 포로가 되므로 너와 함께 있지 못할 것이며
42 네 모든 나무와 토지 소산은 메뚜기가 먹을 것이며
43 너의 중에 우거하는 이방인은 점점 높아져서 네 위에 뛰어나고 너는 점점 낮아질 것이며
44 그는 네게 꾸어줄지라도 너는 그에게 꾸어주지 못하리니 그는 머리가 되고 너는 꼬리가 될 것이라

45 네가 네 하나님 여호와의 말씀을 청종하지 아니하고 네게 명령하신 그의 명령과 규례를 지키지 아니하므로 이 모든 저주가 네게 와서 너를 따르고 네게 이르러 마침내 너를 멸하리니
46 이 모든 저주가 너와 네 자손에게 영원히 있어서 표징과 훈계가 되리라
47 네가 모든 것이 풍족하여도 기쁨과 즐거운 마음으로 네 하나님 여호와를 섬기지 아니함으로 말미암아
48 네가 주리고 목마르고 헐벗고 모든 것이 부족한 중에서 여호와께서 보내사 너를 치게 하실 적군을 섬기게 될 것이니 그가 철 멍에를 네 목에 메워 마침내 너를 멸할 것이라
49 곧 여호와께서 멀리 땅 끝에서 한 민족을 독수리가 날아오는 것 같이 너를 치러 오게 하시리니 이는 네가 그 언어를 알지 못하는 민족이요
50 그 용모가 흉악한 민족이라 노인을 보살피지 아니하며 유아를 불쌍히 여기지 아니하며
51 네 가축의 새끼와 네 토지의 소산을 먹어 마침내 너를 멸망시키며 또 곡식이나 포도주나 기름이나 소의 새끼나 양의 새끼를 너를 위하여 남기지 아니하고 마침내 너를 멸절시키리라
52 그들이 전국에서 네 모든 성읍을 에워싸고 네가 의뢰하는 높고 견고한 성벽을 다 헐며 네 하나님 여호와께서 네게 주시는 땅의 모든 성읍에서 너를 에워싸리니
53 네가 적군에게 에워싸이고 맹렬한 공격을 받아 곤란을 당하므로 네 하나님 여호와께서 네게 주신 자녀 곧 네 몸의 소생의 살을 먹을 것이라
54 너희 중에 온유하고 연약한 남자까지도 그의 형제와 그의 품의 아내와 그의 남은 자녀를 미운 눈으로 바라보며
55 자기가 먹는 그 자녀의 살을 그 중 누구에게든지 주지 아니하리니 이는 네 적군이 네 모든 성읍을 에워싸고 맹렬히 너를 쳐서 곤란하게 하므로 아무것도 그에게 남음이 없는 까닭일 것이며

56 또 너희 중에 온유하고 연약한 부녀 곧 온유하고 연약하여 자기 발바닥으로 땅을 밟아 보지도 아니하던 자라도 자기 품의 남편과 자기 자녀를 미운 눈으로 바라보며
57 자기 다리 사이에서 나온 태와 자기가 낳은 어린 자식을 남몰래 먹으리니 이는 네 적군이 네 생명을 에워싸고 맹렬히 쳐서 곤란하게 하므로 아무것도 얻지 못함이리라
58 네가 만일 이 책에 기록한 이 율법의 모든 말씀을 지켜 행하지 아니하고 네 하나님 여호와라 하는 영화롭고 두려운 이름을 경외하지 아니하면
59 여호와께서 네 재앙과 네 자손의 재앙을 극렬하게 하시리니 그 재앙이 크고 오래고 그 질병이 중하고 오랠 것이라
60 여호와께서 네가 두려워하던 애굽의 모든 질병을 네게로 가져다가 네 몸에 들어붙게 하실 것이며
61 또 이 율법책에 기록하지 아니한 모든 질병과 모든 재앙을 네가 멸망하기까지 여호와께서 네게 내리실 것이니
62 너희가 하늘의 별 같이 많을지라도 네 하나님 여호와의 말씀을 청종하지 아니하므로 남는 자가 얼마 되지 못할 것이라
63 여호와께서 너희에게 선을 행하시고 너희를 번성하게 하시기를 기뻐하시던 것 같이 이제는 여호와께서 너희를 망하게 하시며 멸하시기를 기뻐하시리니 너희가 들어가 차지할 땅에서 뽑힐 것이요
64 여호와께서 너를 땅 이 끝에서 저 끝까지 만민 중에 흩으시리니 네가 그 곳에서 너와 네 조상들이 알지 못하던 목석 우상을 섬길 것이라
65 그 여러 민족 중에서 네가 평안함을 얻지 못하며 네 발바닥이 쉴 곳도 얻지 못하고 여호와께서 거기에서 네 마음을 떨게 하고 눈을 쇠하게 하고 정신을 산란하게 하시리니
66 네 생명이 위험에 처하고 주야로 두려워하며 네 생명을 확신할 수 없을 것이라

67 네 마음의 두려움과 눈이 보는 것으로 말미암아 아침에는 이르기를 아하 저녁이 되었으면 좋겠다 할 것이요 저녁에는 이르기를 아하 아침이 되었으면 좋겠다 하리라
68 여호와께서 너를 배에 싣고 전에 네게 말씀하여 이르시기를 네가 다시는 그 길을 보지 아니하리라 하시던 그 길로 너를 애굽으로 끌어 가실 것이라 거기서 너희가 너희 몸을 적군에게 남녀 종으로 팔려 하나 너희를 살 자가 없으리라

우리는 율법의 저주에서 속량되었습니다

갈 3:1-29
1 어리석도다 갈라디아 사람들아 예수 그리스도께서 십자가에 못 박히신 것이 너희 눈 앞에 밝히 보이거늘 누가 너희를 꾀더냐
2 내가 너희에게서 다만 이것을 알려 하노니 너희가 성령을 받은 것이 율법의 행위로냐 혹은 듣고 믿음으로냐
3 너희가 이같이 어리석으냐 성령으로 시작하였다가 이제는 육체로 마치겠느냐
4 너희가 이같이 많은 괴로움을 헛되이 받았느냐 과연 헛되냐
5 너희에게 성령을 주시고 너희 가운데서 능력을 행하시는 이의 일이 율법의 행위에서냐 혹은 듣고 믿음에서냐
6 아브라함이 하나님을 믿으매 그것을 그에게 의로 정하셨다 함과 같으니라
7 그런즉 믿음으로 말미암은 자들은 아브라함의 자손인 줄 알지어다
8 또 하나님이 이방을 믿음으로 말미암아 의로 정하실 것을 성경이 미리 알고 먼저 아브라함에게 복음을 전하되 모든 이방인이 너로 말미암아 복을 받으리라 하였느니라

9 그러므로 믿음으로 말미암은 자는 믿음이 있는 아브라함과 함께 복을 받느니라
10 무릇 율법 행위에 속한 자들은 저주 아래에 있나니 기록된 바 누구든지 율법 책에 기록된 대로 모든 일을 항상 행하지 아니하는 자는 저주 아래에 있는 자라 하였음이라
11 또 하나님 앞에서 아무도 율법으로 말미암아 의롭게 되지 못할 것이 분명하니 이는 의인은 믿음으로 살리라 하였음이라
12 율법은 믿음에서 난 것이 아니니 율법을 행하는 자는 그 가운데서 살리라 하였느니라
13 그리스도께서 우리를 위하여 저주를 받은 바 되사 율법의 저주에서 우리를 속량하셨으니 기록된 바 나무에 달린 자마다 저주 아래에 있는 자라 하였음이라
14 이는 그리스도 예수 안에서 아브라함의 복이 이방인에게 미치게 하고 또 우리로 하여금 믿음으로 말미암아 성령의 약속을 받게 하려 함이라
15 형제들아 내가 사람의 예대로 말하노니 사람의 언약이라도 정한 후에는 아무도 폐하거나 더하거나 하지 못하느니라
16 이 약속들은 아브라함과 그 자손에게 말씀하신 것인데 여럿을 가리켜 그 자손들이라 하지 아니하시고 오직 한 사람을 가리켜 네 자손이라 하셨으니 곧 그리스도라
17 내가 이것을 말하노니 하나님께서 미리 정하신 언약을 사백삼십 년 후에 생긴 율법이 폐기하지 못하고 그 약속을 헛되게 하지 못하리라
18 만일 그 유업이 율법에서 난 것이면 약속에서 난 것이 아니리라 그러나 하나님이 약속으로 말미암아 아브라함에게 주신 것이라
19 그런즉 율법은 무엇이냐 범법하므로 더하여진 것이라 천사들을 통하여 한 중보자의 손으로 베푸신 것인데 약속하신 자손이 오시기까지 있을 것이라
20 그 중보자는 한 편만 위한 자가 아니나 하나님은 한 분이시니라

21 그러면 율법이 하나님의 약속들과 반대되는 것이냐 결코 그럴 수 없느니라 만일 능히 살게 하는 율법을 주셨더라면 의가 반드시 율법으로 말미암았으리라
22 그러나 성경이 모든 것을 죄 아래에 가두었으니 이는 예수 그리스도를 믿음으로 말미암는 약속을 믿는 자들에게 주려 함이라
23 믿음이 오기 전에 우리는 율법 아래에 매인 바 되고 계시될 믿음의 때까지 갇혔느니라
24 이같이 율법이 우리를 그리스도께로 인도하는 초등교사가 되어 우리로 하여금 믿음으로 말미암아 의롭다 함을 얻게 하려 함이라
25 믿음이 온 후로는 우리가 초등교사 아래에 있지 아니하도다
26 너희가 다 믿음으로 말미암아 그리스도 예수 안에서 하나님의 아들이 되었으니
27 누구든지 그리스도와 합하기 위하여 세례를 받은 자는 그리스도로 옷 입었느니라
28 너희는 유대인이나 헬라인이나 종이나 자유인이나 남자나 여자나 다 그리스도 예수 안에서 하나이니라
29 너희가 그리스도의 것이면 곧 아브라함의 자손이요 약속대로 유업을 이을 자니라

신 28:61
또 이 율법책에 기록하지 아니한 모든 질병과 모든 재앙을 네가 멸망하기까지 여호와께서 네게 내리실 것이니

갈 3:13
그리스도께서 우리를 위하여 저주를 받은 바 되사 율법의 저주에서 우리를 속량하셨으니 기록된 바 나무에 달린 자마다 저주 아래에 있는 자라 하였음이라

당신의 처방약을 드십시오!

내가 당신에게 원하는 것이 바로 이 고백입니다. (당신 자신에게 거듭 거듭해서 말하십시오. 당신 혼자 있다면 큰 소리로 말하십시오. 누군가 옆에 있다면 작은 소리로 자신에게 말하십시오.)

고백

"신명기 28장 61절에 따라, 나의 질병(암이든, 결핵이든, 신장병이든, 간 문제이든, 어떤 질병이든 간에 그 질병의 이름을 넣으십시오)은 율법의 저주입니다. 그러나 갈라디아서 3장 13절에 따라 그리스도께서 나를 율법의 저주에서 속량하셨습니다. 그러므로 나는 내가 _____ (구체적인 질병 이름)에서 속량되었음을 고백합니다."

당신에게 실례를 들어드리겠습니다. 당신의 질병이 암이라고 합시다. 이렇게 고백하면 됩니다. "신명기 28장 61절에 따라, 나의 질병 암은 율법의 저주입니다. 그러나 갈라디아서 3장 13절에 따라 그리스도께서 나를 율법의 저주에서 속량하셨습니다. 그러므로 그분은 나를 질병의 저주에서 속량하셨습니다. 그러므로 나는 내가 암으로부터 속량되었음을 고백합니다."

또는 당신의 문제가 위궤양이라고 해봅시다. 그렇다면 이렇게 고백하면 됩니다. "신명기 28장 61절에 따라, 나의 질병 위궤양은 율법의 저주입니다. 그러나 갈라디아서 3장 13절에 따라 그리스도께서 나를 율법의 저주에서 속량하셨습니다. 그러므로 나는 내가 위궤양으로부터 속량되었음을 고백합니다."

또는 예를 들어 당신의 질병이 혈액병이라고 한다면, 이렇게 고백하면 되겠습니다. "신명기 28장 61절에 따라, 나의 혈액병은 율법의 저주입니다. 그러나 갈라디아서 3장 13절에 따라 그리스도께서 나를 율법의 저주에서 속량하셨습니다. 그러므로 나는 내가 혈액병으로부터 속량되었음을 고백합니다."

나는 단지 실례들을 보인 것입니다. 당신의 질병이 무엇이든 간에 그것을 율법의 저주라고 부르십시오. 그것이 율법의 저주라고 고백하십시오. 그리고 갈라디아서 3장 13절을 고백하십시오. "그리스도께서 나를 율법의 저주에서 속량하셨습니다. 그러므로 나는 내가 _____ (구체적인 질병 이름)에서 속량되었습니다."

제 5 장
하나님의 처방약은 잘 듣습니다!
- 실제 삶의 예 -
(God's Medicine Works! A Real-Life Illustration)

　의학 박사이자 외과의사인 릴리안 요먼스 박사(Dr. Lilian B. Yeomans)는 마취약 중독으로 병들어 죽게 되었을 때, 하나님으로부터 온 치유를 받았습니다. 의학은 그녀에게 어떤 도움도 주지 못했습니다. 그녀는 죽음의 문으로 곧장 다가갔고, 의학은 그녀가 틀림없이 죽을 것이라고 말했습니다.

　그러나 그때, 누군가가 그녀에게 예수님께서 혈루병 걸렸던 여인을 고치셨던 성경이야기(막 5:25-34)를 들려주었습니다. 요먼스 박사는 당시 수년 동안 하나님을 떠나있던 상태였습니다. 그러나 그녀가 혈루병 걸렸다가 고침 받은 여인의 이야기를 들었을 때, 요먼스 박사는 하나님과의 교제 가운데로 돌아왔습니다. 그리고 나서 그녀는 병고침을 받고 죽음의 병상에서 일어났습니다.

　병상에서 일어난 후, 이러한 신유가 옳고 좋은 것이라는 것을 깨닫고 나서, 요먼스 박사는 신유에 대해 말씀을 통해 설교하고 가르치기 시작했고, 이 일을 수년 동안 했습니다. 그녀의 책에서 그녀는 이러한 신령한 건강을 43년 동안 누리고 있노라고 말하고 있습니다.

시간이 흘러 요먼스 박사와 그 누이가 부모님의 재산을 상속받게 되어 돈과 함께 큰 집을 갖게 되었습니다. 그들은 그 집을 "믿음의 집"이라고 부르고, 아픈 사람들을 데려다가 하나님의 말씀을 믿는 믿음을 통해 하나님의 능력으로 고침 받도록 했습니다.

그들이 섬겼던 사람들은 모두 말기 환자이거나 불치병의 환자였습니다. 다른 말로하면, 의사들이 포기한 사람들이었다는 말입니다. 그 사람들은 의학이 더 이상 도와줄 수 없는 상태의 사람들이었습니다. 그러나 요먼스 박사와 그 누이는 좀처럼 그들을 잃지 않았습니다. 그들 대부분을 고침 받도록 했습니다.

요먼스 박사는 내가 당신에게 하라고 했던 방법으로 이 사람들을 고침 받도록 했습니다. 그녀는 신유에 관한 성경 구절들을 그들에게 읽어주고, 그들로 하여금 스스로 반복해서 고백하도록 했습니다.

요먼스 박사와 그녀의 누이는 한 번에 서너 명의 사람들만을 그들의 믿음의 집으로 데려올 수 있었기 때문에, 그들은 대기자 목록을 갖고 있었습니다. 한 특별한 경우에, 대기자 목록에 올라있던 결핵에 걸린 한 여자가 그들에게 왔습니다. 그녀가 앰뷸런스에 실려 믿음의 집에 도착했을 때, 요먼 박사는 그녀의 맥박을 확인하고 그녀가 금방 죽어가는 것을 알았습니다.

사실, 요먼 박사는 그녀가 계속 약을 사용하여 치료하고 있었더라면, 그 여자의 심장을 자극하기 위해서 당장 강심제를 투여했을 것이라고 말했습니다. 그러나 요먼스 박사는 그들이 처했던 그런 특별한 상황에서 약을 사용할 수 있는 허가를 가지고 있지 않았고, 그래서 그녀는 죽어가는 그 여자를 병실로 옮길 수밖에 없었습니다.

요먼스 박사는 이야기했습니다. "나는 침대 옆에 앉아 내 성경을 그녀에게 읽어주었습니다. 나는 그녀에게 '눈을 감고 편하게 말씀을 그냥 듣기만 하세요' 라고 말했습니다." 그리고는 2시간 동안 이 책에 실린 것 같은 치유의 성경 구절들을 그녀에게 읽어주었습니다. 그 여자에게 강심제 주사 한 방 대신에 1회 복용량의 하나님의 처방약, 즉 하나님의 말씀을 주었던 것입니다.

요먼스 박사는 그녀의 성경에 병고침에 관한 주제의 말씀들을 표시해 두고 있었고, 그녀는 창세기로부터 계시록까지 치유의 말씀들을 그 여자에게 읽어주었습니다. 그녀가 침례에 관한 주제의 말씀들을 읽어주지 않았다는 것에 주목하기 바랍니다. 그 죽어가는 여인에게는 침례에 관한 주제들을 들을 필요가 없었습니다! 그것이 그녀를 치유하지 못합니다. 그게 아니라, 그녀가 필요한 것은 치유에 관한 것을 듣는 것이었습니다.

그 여자가 필요한 것은 죄 사함이나 새로운 탄생에 대한 메시지가 아니었습니다. 그 여자는 이미 구원 받았습니다. 그녀는 이미 그녀의 구원을 받았습니다.

그 여자가 들을 필요가 있던 것은 그 여자가 필요한 것, 신유에 대한 것이었습니다. 감사하게도, 하나님의 말씀은 모든 필요를 공급하십니다.

요먼스 박사는 이야기했습니다. "나는 신명기 28장과 갈라디아서 3장 전체를 읽어주었습니다. 그리고 나는 다른 치유의 구절들을 읽어주었지만, 이 두장은 계속 반복해서 다시 읽어주었습니다.

그리고 나는 그녀에게 물었습니다. '신명기 28장 22절에 따르면 결핵이나 폐결핵이 율법의 저주라는 것을 알겠습니까? 그러나 갈라디아서 3장 13절에 따르면 그리스도께서 율법의 저주에서 우리를 속량하셨다는 것을 또한 알겠습니까? 그러므로 그리스도께서는 결핵에서 이미 당신을 속량하셨습니다.'"

그 당시 미국에서는 결핵이 가장 치명적인 큰 병 중의 하나였습니다. 그것은 새 특효약과 의학 기술의 발달 이전의 이야기입니다. 그 여자는 그 병의 마지막 단계에 있었고, 믿음의 집 침대에 눕혀졌을 때는 사실상 죽은 것이었습니다.

요먼스 박사는 그 여자에게 가르쳐주었습니다. "깨어나는 순간마다, 소리 내서 반복하세요. '신명기 28장 22절에 따르면 결핵이나 폐결핵은 율법의 저주이다. 그러나 갈라디아서 3장 13절에 따르면 그리스도께서 율법의 저주에서 나를 속량하셨다. 그러므로 그리스도께서는 이미 나를 결핵에서 속량하셨다.'"

다음날 아침 요먼스 박사와 그녀의 누이는 믿음의 집에 있던 4명의 환자들에게 치유의 말씀들을 읽어주었습니다. 요먼스 박사는 그 여자에게 결핵에 관해 말했습니다. "내가 지난 밤 당신에게 가르쳐 준 것을 말했나요?"

"예." 그 여자가 대답했습니다. "10분 이상을 잠들지 못했던 것 같아요. 아마 만 번은 말한 것 같아요. 그러나 그것은 여전히 별 의미가 없는 것 같아요."

"좋아요." 요먼스 박사가 말했습니다. "그냥 계속 그것을 말하세요. '신명기 28장 22절에 따르면 결핵이나 폐결핵은 율법의 저주이다. 그러나 갈라디아서 3장 13절에 따르면 그리스도께서 율법의 저주에서 나를 속량하셨다. 그러므로 그리스도께서는 이미 나를 결핵에서 속량하셨다.'"

결핵을 가진 그 여자는 하나님의 처방약을 계속 먹었습니다. 요먼스 박사가 다음날 말씀을 읽어주러 그녀의 방에 갔을 때, 그 여자에게 물었습니다. "내가 당신에게 하라고 한 대로 말했나요?"

"예." 그녀가 대답했습니다. "지난 밤 10분도 못 잔 것 같아요. 이 성경 구절들을 만 번은 말해야만 했답니다. 그런데도 여전히 아무 의미가 없는 것 같아요. 나는 나아진 것 같은 느낌이 전혀 없는걸요."

"좋아요." 요먼스 박사가 말했습니다. "그냥 계속 고백하세요. 계속 당신 자신에게 반복해서 말하세요." 그 여자는 육체적으로 너무 쇠약했고 또 그런 상태로 오래 되어서, 큰 소리로 고백하지는 못했지만, 그냥 조용히 스스로에게 고백했습니다.

나중에 요먼스 박사와 그 누이가 주방에서 점심 식사를 요리하고 있을 때, 위층 침실에서 소란이 들려왔습니다. 그것은 마치 어떤 사람이 발을 구르며 뛰어다니는 듯한 소리였습니다. 환자들은 모두 침대에 누워 죽은 것과 마찬가지였는데, 그들 중 한 사람이 침대에서 일어나 뛰어다니고 있는 것이었습니다. 그리고 그녀는 소리치고 있었습니다. "요먼스 박사님! 요먼스 박사님!"

요먼스 박사는 주방을 달려 나갔고, 결핵으로 죽어가던 그 여자는 계단을 뛰어내려오며 소리치고 있었습니다. "요먼스 박사님! 내가 병고침 받은 것을 알고 있었어요? 나는 고침 받았어요! 나는 결핵에 걸렸던 사람인데, 병고침을 받았어요!"

"예, 알고 있었어요!" 요먼스 박사는 대답했습니다. "지금까지 거의 3일 동안 당신에게 그것을 말하려고 했던 거에요."

며칠 전만 해도 다 죽어가던 그 여자에게 무슨 일이 벌어진 것입니까? 그녀가 계속 고백하던 그 말씀이 그녀의 심령으로 내려갔습니다. 요먼스 박사가 그녀에게 준 것은 어떤 마법의 약이 아닙니다. 또한 그 여자의 병을 고친 것은 하나님께서 그 여자에게 건네주신 요먼스 박사의 위대한 인격이나 능력이 아니었습니다. 그것은 단지 말씀이었습니다! 그 여자를 고쳐 죽음의 침상에서 그녀를 일으킨 것은 단지 하나님의 말씀을 믿는 믿음이었습니다.

당신도 알다시피, 요먼스 박사는 하나님의 말씀의 진리가 결국 그 여자의 심령에 새겨질 것을 알고 있었습니다. 많은 경우에 사람들은 다른 누군가가 그들을 위해 뭔가를 해 주기를 앉아서 기다리고만 있습니다. 그들은 신유 부흥사가 그들을 치유하거나 또는 성령님께서 직접 나타나셔서 성령의 은사(고전 12:1-11)로 그들을 치유해주기만을 기다리고 있습니다.

그러나 성령님은 그런 식으로 직접 나타나실 수도 있고, 나타나지 않으실 수도 있습니다. 우리는 영적인 은사들을 조종하지 못합니다. 오직 하나님께서 하십니다. 성령님의 나타나심은 그분의 뜻을 따라 각 사람에게 나누어 주신 것입니다(고전 12:11). 성령님은 때로는 여기서 이 사람에게, 때로는 저기서 이 사람에게 직접 나타납니다. 그리고 하나님께서는 그 사람이 하나님께서 살아계심과 역사하고 계심을 알도록 그리고 그 사람이 그분을 믿기 시작하도록 그 사람의 주의를 끌기 위한 표적으로 그렇게 하시는 것입니다.

어쨌든, 만일 당신이 그냥 앉아서 성령님의 역사가 당신에게 다가오기만을 기다린다면, 그것은 결코 오지 않을 것입니다. 그러나 당신께 한 가지를 이야기 하겠습니다. 하나님의 말씀은 언제나 역사합니다.

하나님의 말씀은 역사합니다! 나는 이 책에 있는 구절들을, 특별히 신명기 28장과 갈라디아서 3장을 당신이 취하여 먹을 것을 당부합니다. 그 구절들을 끊임없이 묵상하고 스스로에게 반복해서 고백함으로 당신의 영 안에 장착하십시오. 하나님의 말씀은 처방약이므로, 당신의 약을 드십시오! 그분의 말씀은 당신의 생명이 되며 온 육체를 치유할 것입니다.

믿음의 말씀사 출판물

믿음의말씀사에서 발행되는 모든 도서는 본사에서 직영판매하며,
본사 대표전화 또는 홈페이지를 통해서 구입이 가능합니다.
구입문의 : 031-8005-5483 / 5493 http://faithbook.kr

케네스 해긴의 「믿음 도서관」 책들 케네스 해긴 지음·김진호 옮김

- 믿는 자의 권세 (생애기념판) | 양장본 신국판 264p / 값 13,000원
- 당신이 알아야 하는 신유에 관한 일곱 가지 원리 | 국판 112p / 값 5,000원
- 기도의 기술 | 국판 208p / 값 7,000원
- 인간의 세 가지 본성 (증보판) | 국판 128p / 값 5,500원
- 어떻게 하나님의 영으로 인도받을 수 있는가? (생애기념판) | 국판 272p / 값 10,000원
- 믿음의 계단 | 국판 240p / 값 8,500원
- 마이더스 터치 | 국판 272p / 값 10,000원
- 당신을 향한 하나님의 계획 | 국판 256p / 값 8,500원
- 하나님 가족의 특권 | 국판 176p / 값 6,500원
- 나는 환상을 믿습니다 | 국판 208p / 값 7,000원
- 하나님의 계획과 목적과 추구 | 국판 224p / 값 8,000원
- 역사하는 기도 | 국판 256p / 값 9,000원
- 병을 고치는 하나님의 말씀 | 국판 184p / 값 7,000원
- 영적 성장 | 국판 192p / 값 7,000원
- 치유의 기름부음 | 국판 336p / 값 10,000원
- 크게 성장하는 믿음 | 국판 160p / 값 6,000원
- 신선한 기름부음 | 국판 176p / 값 7,000원
- 예수 열린 문 | 국판 216p / 값 8,000원
- 믿음이란 무엇인가 | 국판 64p / 값 2,500원
- 진짜 믿음 | 국판 56p / 값 2,000원
- 기름부음의 이해 | 국판 256p / 값 9,000원
- 그리스도께서 지금 하고 계시는 일 | 국판 64p / 값 2,500원
- 승리하는 교회 | 신국판 496p / 값 15,000원
- 믿음의 양식 | 국판 384p / 값 13,000원
- 조에 | 국판 96p / 값 4,000원
- 그리스도의 선물 | 신국판 368p / 값 12,000원
- 믿음이 흔들리고 패배한 것 같을 때 승리를 얻는 법 | 신국판 160p / 값 7,000원
- 충분하고도 넘치는 하나님 엘 샤다이 | 국판 64p / 값 2,500원
- 하나님의 말씀 : 모든 것을 고치는 치료제 | 국판 72p / 값 3,000원
- 믿음의 선한 싸움을 싸우는 법 | 국판 200p / 값 7,000원
- 내주하시는 성령 임하시는 성령 | 국판 256p / 값 9,000원

- 방언 | 신국판 384p / 값 12,000원
- 재정적인 번영에 대한 성경적 열쇠들 | 국판 240p / 값 9,000원
- 금식에 관한 상식 | 국판 64p / 값 2,500원
- 가족을 섬기는 법 | 국판 72p / 값 3,000원
- 여성에 관한 질문들 | 국판 112p / 값 5,000원
- 몸의 치유와 속죄 | T.J.맥크로산 지음 · 로이 힉스, 케네스 해긴 개정 / 국판 168p / 값 6,000원
- 그리스도 안에서 | 문고판 48p / 값 1,000원
- 새로운 탄생 | 문고판 48p / 값 1,000원
- 방언기도의 능력을 풀어 놓으라 | 문고판 64p / 값 1,200원
- 재정 분야의 순종 | 문고판 48p / 값 1,000원
- 말 | 문고판 64p / 값 1,200원
- 나는 지옥에 갔다 왔습니다 | 문고판 48p / 값 1,000원
- 하나님의 처방약 | 문고판 64p / 값 1,200원
- 더 좋은 언약 | 문고판 48p / 값 1,000원
- 옳은 사고방식 틀린 사고방식 | 문고판 80p / 값 2,000원
- 속량 - 가난, 질병, 영적 죽음에서 값 주고 되사다 | 문고판 64p / 값 1,200원
- 예수의 보배로운 피 | 문고판 48p / 값 1,000원
- 하나님을 탓하지 마십시오 | 문고판 48p / 값 1,000원
- 네 주장을 변론하라 | 문고판 48p / 값 1,000원
- 셀 모임에서 성령인도 받기 | 문고판 48p / 값 1,000원
- 네 염려를 주께 맡겨라 | 문고판 80p / 값 2,000원
- 성령을 받는 성경적인 방법 | 문고판 64p / 값 1,200원
- 안수 | 문고판 48p / 값 1,000원
- 치유를 유지하는 법 | 문고판 48p / 값 1,000원
- 사랑은 결코 실패하지 않습니다 | 문고판 48p / 값 1,000원
- 예언을 분별하는 일곱 단계 | 문고판 80p / 값 2,000원
- 절망적인 상황을 반전시키기 | 문고판 80p / 값 2,000원
- 당신의 믿음을 풀어 놓는 법 | 문고판 80p / 값 2,000원
- 하나님의 영광 | 문고판 64p / 값 1,200원
- 하나님께서 내게 가르쳐 주신 형통의 계시 | 문고판 48p / 값 1,000원
- 왜 능력 아래 쓰러지는가? | 문고판 48p / 값 1,000원
- 다가오는 회복 | 문고판 48p / 값 1,000원
- 잊어버리는 법을 배우기 | 문고판 48p / 값 1,000원
- 은혜 안에서의 성장을 방해하는 다섯 가지 | 문고판 64p / 값 1,200원
- 사랑 가운데 걷는 법 | 문고판 64p / 값 1,200원
- 위대한 세 단어 | 문고판 48p / 값 1,000원
- 하나님의 은사와 부르심 | 문고판 48p / 값 1,000원
- 바울의 계시: 화해의 복음 | 문고판 64p / 값 1,200원
- 당신은 당신이 말하는 것을 가질 수 있습니다 | 문고판 64p / 값 1,200원

기타 「믿음의 말씀」 설교자의 책들

- 성령의 삶 능력의 삶 | 데이브 로버슨 지음 · 김진호 옮김 / 신국판 480p / 값 13,000원
- 왕과 제사장 | 김진호 지음 / 국판 136p / 값 6,500원
- 새로운 피조물의 실재 | 김진호 지음 / 국판 256p / 값 9,000원
- 믿음의 반석 | 최순애 지음 / 국판 352p / 값 12,000원
- 새 언약의 기도 | 최순애 지음 / 신국판 192p / 값 8,000원
- 성령 인도 | 최순애 지음 / 국판 160p / 값 7,000원
- 복음의 신조 | 최순애 지음 / 국판 208p / 값 8,000원
- 존중하는 삶 | 최순애 지음 / 국판 208p / 값 8,000원
- 승리하는 믿음 | 스미스 위글스워스 지음 · 김진호 옮김 / 46판 112p / 값 4,000원
- 스미스 위글스워스의 천국 | 스미스 위글스워스 지음 · 박미가 옮김 / 신국판 320p / 값 11,000원
- 스미스 위글스워스의 매일묵상 | 스미스 위글스워스 지음 · 박미가 옮김 / 신국판 600p / 값 20,000원
- 위글스워스는 이렇게 했다 | 피터 J. 매든 지음 · 박미가 옮김 / 국판 272p / 값 9,000원
- 스미스 위글스워스의 능력의 비밀 | 피터 J. 매든 지음 · 박미가 옮김 / 국판 200p / 값 7,000원
- 행동하는 신자들 | T. L. 오스본 지음 · 김진호 옮김 / 46판 112p / 값 4,000원
- 기적 - 하나님 사랑의 증거 | T.L. 오스본 지음 · 김진호 옮김 / 46판 144p / 값 4,500원
- 새롭게 시작하는 기적 인생 | T. L. 오스본 / 라도나 오스본 지음 · 박미가 옮김 / 46판 288p / 값 8,000원
- 좋은 인생 | T. L. 오스본 지음 · 박미가 옮김 / 신국판 416p / 값 13,000원
- 성경적인 치유 | T.L. 오스본 지음 · 김진호 옮김 / 국판 272p / 값 10,000원
- 능력으로 역사하는 메시지 | T.L. 오스본 지음 · 김주성 옮김 / 신국판 368p / 값 12,000원
- 100개의 신유 진리 | T.L. 오스본 지음 · 김진호 옮김 / 문고판 48p / 값 1,000원
- 하나님의 큰 그림 | 라도나 C. 오스본 지음 · 문지숙 옮김 / 46판 160p / 값 5,500원
- 믿음의 말씀 고백 기도집 | 잔 오스틴 지음 · 김진호 옮김 / 46판 160p
- 하나님의 사랑의 흐름 | 잔 오스틴 지음 · 김진호 옮김 / 46판 48p
- 견고한 진 무너뜨리기 | 잔 오스틴 지음 · 김진호 옮김 / 46판 48p
- 초자연적인 흐름을 따르는 법 | 잔 오스틴 지음 · 김진호 옮김 / 46판 96p
- 당신의 운명을 바꿀 수 있습니다 | 잔 오스틴 지음 · 김진호 옮김 / 46판 96p
- 어떻게 하나님의 능력을 풀어놓을 수 있는가? | 잔 오스틴 지음 · 김진호 옮김 / 46판 96p
- 복을 취하는 법 | R.R.쏘아레스 지음 · 김진호 옮김 / 국판 128p / 값 5,500원
- 주는 자에게 복이 되는 선물 | R.R.쏘아레스 지음 · 김병수 옮김 / 국판 160p / 값 6,000원
- 믿음으로 사는 삶 | 코넬리아 나줌 지음 · 신현호 옮김 · 김진호 추천 / 46판 176p / 값 6,000원
- 그리스도 안에 있는 나를 인정하기 | 마크 행킨스 지음 · 김진호 옮김 / 문고판 48p / 값 1,000원
- 여기서 머물지 말라 | 크리스 오야킬로메 지음 · 김진호 옮김 / 46판 72p / 값 2,500원
- 방언기도학교 31일 | 크리스/애니타 오야킬로메 지음 · 이종훈/김인자 옮김 / 46판 80p / 값 2,500원
- 이제 당신이 거듭났으니 | 크리스 오야킬로메 지음 · 김진호 옮김 / 문고판 64p / 값 1,500원
- 당신의 인생을 재장조하라 | 크리스 오야킬로메 지음 · Paula Kim 옮김 / 국판 48p / 값 2,000원
- 이 마차에 함께 타라 | 크리스 오야킬로메 지음 · Paula Kim 옮김 / 국판 128p / 값 5,000원
- 그리스도 안에 있는 당신의 권리 | 크리스 오야킬로메 지음 · Paula Kim 옮김 / 국판 64p / 값 2,500원

- 당신의 치유를 유지하기 | 크리스 오야킬로메 지음 · Paula Kim 옮김 / 문고판 24p / 값 500원
- 성령님과 당신 | 크리스 오야킬로메 지음 · Paula Kim 옮김 / 국판 64p / 값 2,500원
- 방언의 능력 | 크리스 오야킬로메 지음 · Paula Kim 옮김 / 문고판 48p / 값 1,000원
- 성령님이 당신 안에서 행하실 일곱 가지 | 크리스 오야킬로메 지음 · Paula Kim 옮김 / 국판 80p / 값 3,500원
- 성령님이 당신을 위해 행하실 일곱 가지 | 크리스 오야킬로메 지음 · Paula Kim 옮김 / 국판 72p / 값 3,000원
- 기적을 받고 유지하는 법 | 크리스 오야킬로메 지음 · Paula Kim 옮김 / 국판 64p / 값 2,500원
- 하나님께서 당신을 방문하실 때 | 크리스 오야킬로메 지음 · Paula Kim 옮김 / 국판 80p / 값 3,500원
- 올바른 방식으로 기도하기 | 크리스 오야킬로메 지음 · Paula Kim 옮김 / 국판 64p / 값 2,500원
- 당신의 믿음을 역사하게 하는 법 | 크리스 오야킬로메 지음 · Paula Kim 옮김 / 국판 112p / 값 5,000원
- 끝없이 샘솟는 기쁨 | 크리스 오야킬로메 지음 · Paula Kim 옮김 / 국판 32p / 값 1,500원
- 기름과 겉옷 | 크리스 오야킬로메 지음 · Paula Kim 옮김 / 국판 96p / 값 4,000원
- 약속의 땅 | 크리스 오야킬로메 지음 · Paula Kim 옮김 / 국판 224p / 값 8,000원
- 하나님의 일곱 영 | 크리스 오야킬로메 지음 · Paula Kim 옮김 / 국판 112p / 값 5,000원
- 예언 | 크리스 오야킬로메 지음 · Paula Kim 옮김 / 국판 88p / 값 4,000원
- 시온의 문 | 크리스 오야킬로메 지음 · Paula Kim 옮김 / 국판 96p / 값 4,000원
- 하늘에서 온 치유 | 크리스 오야킬로메 지음 · Paula Kim 옮김 / 46배판 144p / 값 10,000원
- 붉은 줄의 기적 | 리차드 부커 지음 · 황성하 옮김 / 국판 288p / 값 10,000원
- 당신은 이미 가졌습니다 | 앤드류 워맥 지음 · 두영규 옮김 / 국판 320p / 값 11,000원
- 은혜와 믿음의 균형 안에 사는 삶 | 앤드류 워맥 지음 · 반재경 옮김 / 국판 304p / 값 11,000원
- 하나님은 당신이 건강하기 원하십니다 | 앤드류 워맥 지음 · 서승훈 옮김 / 국판 288p / 값 10,000원
- 영 · 혼 · 몸 | 앤드류 워맥 지음 · 서승훈 옮김 / 국판 224p / 값 8,500원
- 전쟁은 끝났습니다 | 앤드류 워맥 지음 / 국판 304p / 값 11,000원
- 믿는 자의 권세 | 앤드류 워맥 지음 · 두영규 옮김 / 국판 368p / 값 12,000원
- 당신이 말한 대로 얻게 됩니다 | 돈 고셋 지음 · 전진주 옮김 / 국판 288p / 값 10,000원
- 예수 - 치유의 길 건강의 능력 | 윌포드 H. 리트 지음 · 김진호 옮김 / 국판 304p / 값 11,000원
- 믿음과 고백 | 찰스 캡스 지음 · 신현호 옮김 / 신국판 384p / 값 12,000원
- 임재 중심 교회 | 테리 테이클/린 폰더 지음 · 전진주 옮김 / 국판 304p / 값 11,000원
- 십자가에서 보좌까지 무슨 일이 일어났는가? | E. W. 케년 지음 · 서승훈 옮김 / 신국판 368p / 값 12,000원
- 두 가지 의 | E. W. 케년 지음 · 김진호 옮김 / 국판 176p / 값 7,000원
- 놀라우신 그 이름 예수 | E. W. 케년 지음 / 국판 192p / 값 7,000원
- 하나님 아버지와 그분의 가족 | E. W. 케년 지음 · 서승훈 옮김 / 신국판 360p / 값 12,000원
- 나의 신분증 | E. W. 케년 지음 · 김진호 옮김 / 46판 112p / 값 4,000원
- 성령 충만한 그리스도인의 지침서 | 데릭 프린스 지음 · 조철환, 서승훈 옮김 / 신국판 752p / 값 30,000원